O RENASCIMENTO DO AUTOR

Autoria, heteronímia e fake memoirs

copyright Hedra
edição brasileira© Hedra 2019
primeira edição Primeira edição
edição Jorge Sallum
coedição Felipe Musetti
assistência editorial Luca Jinkings e Paulo H. Pompermaier
revisão Flávio Rodrigo Penteado
capa Suzana Salama
ISBN 978-85-7715-595-8

Grafia atualizada segundo o Acordo Ortográfico da Língua Portuguesa de 1990, em vigor no Brasil desde 2009.

EDITORA HEDRA LTDA.
R. Fradique Coutinho, 1139 (subsolo)
05416-011 São Paulo SP Brasil
Telefone/Fax +55 11 3097 8304
editora@hedra.com.br
www.hedra.com.br

Foi feito o depósito legal.

O RENASCIMENTO DO AUTOR

Autoria, heteronímia e fake memoirs

Caio Gagliardi

1ª edição

hedra

São Paulo_2019

Caio Gagliardi nasceu em São Paulo, em 1974. Pesquisa e ensina literatura portuguesa nos cursos de graduação e pós-graduação da Universidade de São Paulo, onde coordena o grupo *Estudos Pessoanos*, a respeito de Fernando Pessoa. É mestre e doutor em Teoria e História Literária pela UNICAMP e realizou pós-doutorados no Departamento de Teoria Literária – USP e no Dipartimento di Studi Europei, Americani e Interculturali da Università degli Studi di Roma "La Sapienza". Organizou, pela Hedra, as edições de *O Ateneu*, de Raul Pompeia, *Mensagem* e *Teatro do Êxtase*, ambos de Fernando Pessoa, e prefaciou *A cidade e as serras*, de Eça de Queirós, e *Poemas completos de Alberto Caeiro.*

O renascimento do autor é um estudo a respeito do moderno conceito de autoria. Seus ensaios, escritos com clareza e entremeados por uma tese unificadora que pouco a pouco vai se evidenciando, incidem sobre três esferas complementares: a teoria da literatura, a obra de Fernando Pessoa e as *fake memoirs*. Entre os muitos teóricos abordados no livro, Gagliardi examina sob diferentes ângulos "A morte do autor", de Roland Barthes. Especialista em Fernando Pessoa, o crítico convoca a obra do escritor português para repensar a autoria com base em sua experiência poética mais radical e, simultaneamente, para propor a reinterpretação da heteronímia. O desfecho do livro amalgama seus múltiplos enfoques ao conferir especial atenção às fraudes autorais na literatura contemporânea.

Sumário

Nota preliminar

Este livro compõe-se de quatro ensaios sobre uma das questões mais espinhosas debatidas pela teoria literária do último século: a autoria da obra literária. A sua proposta consiste em esclarecer certos pontos nebulosos desse debate a partir de sua revisão crítica e lidar com alguns de seus impasses fundamentais por meio de deslocamentos de perspectiva.

Embora se trate de textos veiculados em circunstâncias distintas, sua concepção previu uma posterior reunião em livro. Três deles tiveram sua primeira versão nos anos de 2007 e 2008, quando, como pesquisador de pós-doutorado na USP, recebi uma bolsa FAPESP para que pudesse me dedicar com exclusividade a esse tema, e foram publicados, mediante revisão, em revistas especializadas. O ensaio restante teve a sua primeira versão escrita como desfecho da tese de doutorado que defendi na UNICAMP, em 2005.

"Autoria e Heteronímia na moderna teoria da literatura" foi publicado, com outro título, em 2010, na revista *Estudos Avançados*, do Instituto de Estudos Avançados da USP. O segundo ensaio, "Depõe-se um rei, a paternidade do poema: 'Chuva Oblíqua' e a forma heteronímica em Fernando Pessoa", é inédito. Uma versão resumida deste ensaio foi apresentada no *Encontro de Estudos Pessoanos – Mediações e Remediações*, realizado no Porto, em 2018. "Autor, Autoria e Autoridade: argumentação e ideologia em Roland Barthes" foi publicado, em 2012, na revista *Magma*, do Departamento de Teoria Literária e Literatura Comparada da USP. Por fim, "Disfarce e Fraude Autoral: memória, testemunho e ficção" foi publicado, em 2014, na revista *Criação e Crítica*, da área de Estudos Linguísticos, Literários e Tradutológicos em Francês, do Departamento de Letras Modernas da USP.

Ainda na fase de escrita dos ensaios, contei com importantes sugestões de Fábio Rigatto de Souza Andrade, professor do Departamento de Teoria Literária e Literatura Comparada da USP, e então supervisor de minha pesquisa de pós-doutorado. Tive a sorte de encontrar aspectos levantados nestes ensaios sendo discutidos em alguns artigos, dissertações e teses de cujas bancas participei nos últimos anos, seja como convidado, seja como orientador. Contei ainda com a leitura estimulante do escritor Marco Catalão, bem como de alguns dos pesquisadores do Grupo Estudos Pessoanos, Daiane Walker Araujo e Flávio Rodrigo Penteado, leitor atento dos artigos em revista e, depois, revisor atencioso do volume já reunido. A eles devo o meu agradecimento e a minha amizade. Com escrúpulo redobrado, apaguei algumas repetições dos textos, deixei outras, por julgá-las significativas, cortei passagens que o tempo me revelou serem desnecessárias, procurei sanar os lapsos e as imprecisões que vim encontrando e acrescentei-lhes algumas linhas.

Nos capítulos 1 e 3 procurei partir das reflexões mais acuradas a respeito da autoria literária, formuladas do início do século XX para cá, de modo a apresentá-la segundo suas diferentes acepções, desde a sua rejeição drástica até sua retomada menos diretiva. No capítulo 2, empenhei-me em analisar a obra literária que considero ter levado ao ponto mais alto o jogo autoral e refletir não apenas sobre ela, mas com ela. Por fim, no capítulo 4, creio ter formulado e assumido mais diretamente a proposta que vim amadurecendo ao longo do livro.

Com este volume espero não ter passado a pretensão de lançar a expressão "renascimento do autor" como algo original, muito menos panfletário. Em muitos sentidos, o texto literário não se ressentiu – na verdade, se beneficiou – do distanciamento da figura biográfica do autor no ato da leitura. Em outros, no entanto, quando extremado, esse apagamento levou a uma visão insípida da literatura. Essa polaridade está presente em todos os capítulos, e espero ter contribuído para esclarecer algumas posições ainda nebulosas a esse respeito e desmistificar outras. Vivemos um tempo em que o autor se destaca não apenas como *ethos*, como imagem autoral derivada do texto, mas como sujeito empírico, indivíduo que precede o texto. Que este livro seja lido à luz de seu tempo, é uma condição inevitável. Que ele possa contribuir para uma consciência crítica a respeito da figura do autor em sua época, é sua condição ideal.

São Paulo, 05 de novembro de 2018.

Autoria e heteronímia na moderna teoria da literatura

I. SACRIFICAR O SUJEITO – EMANCIPAR A LINGUAGEM

Na moderna teoria da literatura, as formas de rejeição que se vão acumulando em torno da noção de *autoria* caracterizam-na, sumariamente, como símbolo de um humanismo que os discursos críticos formulados a partir dos anos 1910, na Rússia, dos anos 1930, nos EUA e Inglaterra, e já preponderantes na França dos anos 1960, procuraram eliminar dos estudos estéticos. A contrapelo de uma crítica do fenômeno literário que procura na psicologia, na biografia ou na sociologia do indivíduo fatores determinantes do texto, a maior parte das correntes críticas surgidas no século passado relega ao autor um papel contingente ao fazer literário. Esses diferentes modos de desvalorizar a ação atribuída à intenção premeditada, quando analisados sistematicamente, tornam possível acompanhar alguns dos passos decisivos que fizeram avançar o pensamento crítico-teórico no século XX.

A limitação ou mesmo a eliminação do autor dos estudos críticos sobre literatura se realiza segundo a formulação de refutações teóricas que se mostram decisivas como ferramentas de análise e como novos horizontes conceituais de atuação crítica. Antes disso, seu momento de cristalização poética data dos finais do século XIX, por meio de Rimbaud e Mallarmé, sobretudo. Acompanhemos, no entanto, suas formulações especulativas mais sistemáticas.

Em "A nova poesia russa" (1919), Jakobson define a *literariedade*, isto é, aquilo que torna um texto efetivamente literário, como algo independente da intenção do autor, uma vez que ela reclama atenção para o discurso, em detrimento da possível premeditação que o terá guiado. Sumariamente, entende-se por literariedade um ou mais procedimentos linguísticos que conferem traços distintivos ao objeto literário. Não se trata, pois, de um conteúdo qualquer, uma ideia, uma imagem, uma emoção; não há, portanto, temas literários, segundo Jakobson. Os temas serão literários uma vez que sejam processados *literariamente*. Dessa perspectiva, o traço distintivo da poesia reside no fato de que, nela, as palavras reagem ao seu uso rotineiro e estereotipado. Elas não são apenas veículos de significados ou expressão de emoções; elas e seus arranjos adquirem um peso e um valor próprios.

Nessa defesa do discurso, a noção de *autoria* não figura como objeto de interesse do crítico formalista. Tal apagamento é tanto ou mais significativo quando se verifica que, em seu detrimento, até mesmo o leitor é contemplado, por Chklovski: "chamaremos objeto estético, no sentido próprio da palavra, os objetos criados através de procedimentos particulares, cujo objetivo é assegurar para estes objetos uma percepção estética".[1] Segundo tal ponto de vista, o caráter estético está associado à nossa

1. Vitor Chklovski, "A arte como procedimento", in *Teoria da literatura: formalistas russos* (organização de Dionísio de Oliveira Toledo; tradução de Ana Mariza Ribeiro, Maria Aparecida Pereira, Regina L. Zilberman e Antônio Carlos Hohlfeld), Porto Alegre, Globo, 1971, p. 41.

maneira de perceber o objeto, visto que um texto pode ser "criado para ser prosaico, e ser percebido como poético, ou então criado para ser poético e percebido como prosaico".[2] Assim, a despeito de uma possível intenção autoral, o modo de perceber, conduzido pelo discurso, é que determina o efeito estético.

O método morfológico e essencialmente descritivo dos formalistas russos pode ser considerado como marco zero, na moderna teoria da literatura, da reflexão teórica a respeito da linguagem literária e da obra como organização artística. Para Vítor Manuel de Aguiar e Silva, autor de um dos mais influentes (e agradáveis) manuais de teoria da literatura em língua portuguesa, "não é fácil encontrar, em tempos anteriores, uma reflexão tão profunda e tão rigorosa como a dos formalistas russos acerca da natureza da linguagem literária".[3]

Em *Contre Sainte-Beuve*, escrito em 1900 e publicado pela primeira vez apenas em 1954,[4] Proust denuncia em tom especialmente combativo o método de projeção dos dados biográficos sobre o perfil autoral como um retrato de superfície que passa ao largo da obra. A denúncia que faz daquele que era então considerado o maior crítico de seu tempo em língua francesa sistematiza uma posição já defendida por Valéry e Mallarmé, responsáveis por conferir à palavra uma autonomia quase mística. O escritor ironiza o "guia inegável da crítica no século XIX", preocupado em "munir-se de todas as informações possíveis so-

---

2. Ibidem.

3. Vítor Manuel de Aguiar e Silva, "O formalismo russo". In *Teoria da literatura.* 3ª. ed. revista e aumentada. Coimbra: Livraria Almedina, 1973, p. 560.

4. Marcel Proust, *Contre Sainte-Beuve* – notas sobre crítica e literatura (tradução de Haroldo Ramanzini), São Paulo, Iluminuras, 1988.

bre um dado escritor, em colecionar correspondência, em interrogar os homens que o conheceram, conversando com eles se ainda estiverem vivos, lendo aquilo que puderam escrever, caso estejam mortos". Segundo Proust, "esse método desprezava aquilo que uma convivência um tanto profunda com nós mesmos pode ensinar: que um livro é o produto de um outro eu e não daquele que manifestamos nos costumes, na sociedade, nos vícios".[5]

Especialmente sugestiva é a concepção de *um outro eu*, adotada pelo autor francês. Um eu não biográfico, que, em *Teoria da literatura* (1948), Wellek e Warren definiriam como "eu fictício", mas sem distingui-lo do eu lírico. Semelhante adesão ao antibiografismo levou Käte Hamburger a afirmar que "não existe critério exato, nem lógico, nem estético, nem interior, nem exterior, que nos permita a identificação ou não do sujeito-de-enunciação lírico com o poeta".[6] Isso para dizer que a enunciação lírica, por mais que seja uma forma de aproximação ao caráter vivencial do enunciador, não funciona numa conexão real; não é, em suma, informação sobre alguém ou sobre a realidade não literária.

Em outra séria contestação do método crítico de Sainte-Beuve, T. S. Eliot contrapõe à investigação dos testemunhos do poeta, colhidos sistematicamente pelo crítico francês antes mesmo do contato com o texto, uma concepção oposta do fazer poético: "O que acontece é uma contínua entrega de si mesmo [o poeta] tal como ele é no momento a algo que é mais valioso. O progresso de um artista é um contínuo autossacrifício, uma contí-

5. Ibid., p. 51-52.

6. Käte Hamburger, *A lógica da criação literária*, 2ª ed (tradução de Margot Petry Malnic), São Paulo, Perspectiva, 1986, p. 196.

nua extinção da personalidade".[7] Para Eliot, a "crítica honesta" e a "apreciação sensível" são direcionadas à poesia, não ao poeta. Não são as emoções pessoais, provocadas por eventos específicos de sua vida, que interessam à poesia. Sua complexidade é outra, as emoções reais não são formas de expressão, mas manifestações naturais do próprio ser. Na poesia, o que conta é o trabalho intelectual sobre essas emoções, a fim de fazê-las dizer algo quando transpostas para outro plano e ali transformadas. Daí a obtenção do que Eliot chama de "prazer estético", que é, segundo ele, de natureza diferente do prazer na vida: "Quanto mais perfeito o artista, mais completamente separados estarão nele o homem que sofre e a mente que cria; e mais perfeitamente a mente irá digerir e transmutar as paixões que são o seu material".[8]

Em resumo, Eliot considera a poesia não como um simples "verter de emoções", mas como uma fuga delas. Não é a expressão da personalidade, mas o distanciamento dela que faz o poeta. Por esse motivo, o ato de criação inconsciente torna, na visão do crítico, a poesia pessoal e, em decorrência disso, ruim. Segundo essa concepção, há, por evidente, uma recusa ao *modus operandi* biografista, que confere ao texto o papel de espelho de seu autor.

Do ponto de vista do método crítico, não difere desse procedimento o que Croce sugere, em *A poesia*, ao afirmar a especificidade dos estudos sobre o gênero requerendo que se coloque de lado todo e qualquer dado bio-

---

7. T. S. Eliot, "Tradition and the individual talent", in *Selected prose*, Londres, Penguin Books/ Faber and Faber, 1955, p. 26. [Tradução minha.].

8. Ibid., p. 27. [Tradução minha.].

gráfico a respeito do autor. Para o pensador italiano, o poeta é nada além do que sua poesia:

> Que deve fazer o crítico e historiador da poesia quando se encontra ante um amontoado de documentos e notícias sobre o poeta? Ele deve fazer o que sempre faz quando realmente conhece o seu ofício: afastar os documentos e notícias que se referem exclusivamente à vida privada do poeta (...), os que se referem exclusivamente à sua vida pública (...), e também tudo aquilo que concerne aos seus estudos de botânica, anatomia, filosofia ou história (...). O crítico e historiador deve reter somente os documentos que se referem à poesia.[9]

Essa perspectiva é reforçada nos anos 1940, marcados nos EUA pela noção de "falácia intencional", expressão por meio da qual Beardsley e Wimsatt (1946) asseveraram que a explicação do texto pela intenção do autor inutilizaria a crítica literária. De seu ponto de vista, encontrar o sentido do texto na intenção do autor significa reduzir a tarefa do crítico a uma entrevista ou mera coleta de testemunhos – a uma investigação distinta do contato mais detido com o próprio texto. No *new criticism*, torna-se possível entrever que a ascensão da assim chamada "crítica profissional" na Inglaterra e nos EUA se faz sobre uma sólida baliza formalista, que exclui da tarefa investigativa a psicologia, a biografia e a sociologia do autor como métodos "extrínsecos" ao texto. É essa a denominação que lhe dão Wellek, formado no Círculo Linguístico de Praga, e Warren, *new critic* americano.

> Não precisamos, por certo, ter uma intenção depreciativa ao afirmarmos serem os estudos biográficos distintos dos poéti-

9. Benedetto Croce, *A poesia* – introdução à crítica e história da poesia e da literatura (tradução de Flávio Loureiro Chaves; supervisão e revisão de Angelo Ricci), Porto Alegre, Ed. UFRGS, 1965, p. 173.

cos, dentro da especialização literária. Há, entretanto, o risco de se confundirem os estudos biográficos e os poéticos, havendo ainda o perigo de tomar-se o biográfico pelo poético.[10]

Nos anos 1960, assiste-se, na França, a uma série de ataques ao biografismo (não como gênero, mas como método crítico), cujo "perigo" é evitado, sobretudo, por três trabalhos fundamentais, responsáveis por deitar por terra a tradicional imagem do autor. Em seu estudo sobre Husserl, "A voz e o fenômeno" (1967), Derrida[11] é o primeiro a combater a primazia do significado, isto é, o "querer-dizer" vinculado à figura do autor. Barthes, em seguida, lança mão daquele que seria o seu mais radical bordão. Em "A morte do autor" (1968),[12] essa figura é tratada como uma construção histórica e ideológica vinculada à burguesia e ao individualismo, e que deve ser preterida em prol da autonomia do discurso. Em sua esteira, numa conferência mais desenvolvida, *O que é um autor?* (1969), Foucault[13] reflete sobre a noção de "função autor", num momento em que fica claramente marcada a passagem do estruturalismo para o pós-estruturalismo, ou seja, para um conjunto de reflexões de caráter crítico-teórico em que a recusa do autor é alargada para a recusa do significado, e, no limite, do próprio texto enquanto realidade estável.

---

10. Apud Luiz Costa Lima (org.), *Teoria da literatura em suas fontes*, 3ª ed, Rio de Janeiro, Civilização Brasileira, 2002, p. 647.

11. Jacques Derrida, *A voz e o fenómeno* (tradução de Maria José Semião e Carlos Aboim de Brito), Lisboa, Edições 70, 1996.

12. Roland Barthes, "A morte do autor", in *O rumor da língua* (tradução de Mário Laranjeira), São Paulo, Brasiliense, 1988.

13. Michel Foucault. *O que é um autor?* (tradução de António Fernando Cascais), Lisboa, Vega, 2002.

Uma vez afastado o Autor, a pretensão de "decifrar" um texto se torna totalmente inútil. Dar ao texto um Autor é impor-lhe um travão, é provê-lo de um significado último, é fechar a escritura. Essa concepção convém muito à crítica, que quer dar-se então como tarefa importante descobrir o Autor (ou as suas hipóteses: a sociedade, a história, a psique, a liberdade) sob a obra: encontrado o Autor, o texto está "explicado", o crítico venceu; não é de se admirar, portanto, que, historicamente, o reinado do Autor tenha sido também o do Crítico, nem tampouco que a crítica (mesmo a nova) esteja hoje abalada ao mesmo tempo que o Autor.[14]

O argumento de Barthes põe em xeque dois reinados, para ele indissociáveis: os reinados do autor e do crítico. Se encontrar o significado é o mesmo que desvendar a autoria, então devemos recusar a significação.

Nesse percurso que abrange cerca de seis décadas do século XX, a discussão que se estabelece sobre a *autoria* permanece, com algumas variações, a mesma. O autor é, *grosso modo*, considerado como uma necessidade típica da cultura humanista anterior à segunda metade do século XIX, que legava ao *homem de gênio* o mérito e o sentido de seu texto.

Se, por um lado, a explicação pela intenção, ao reduzir a crítica à busca de uma única resposta para o texto, desautoriza a liberdade interpretativa, por outro, essa mesma "velha" crítica, que pretende "explicar", isto é, resolver, encontrar a chave do texto, não permite particularizar a teoria da literatura em relação a outras formas de investigação que tomam o texto como seu objeto, como a Filologia e a História, por exemplo.

14. Roland Barthes, op. cit., p. 69.

Para Derrida, ao proteger o terreno da teoria *literária* desses outros métodos de especulação, ao tratá-los como prolegômenos e, portanto, como considerações dispensáveis a respeito da circunvizinhança do texto, a teoria deve se preocupar com preservar em seu horizonte de interesses e atuação a história da própria obra:

> Obedecendo à intenção legítima de proteger a verdade e o sentido *internos* da obra contra um historicismo, um biografismo ou um psicologismo, arriscamo-nos a não mais prestar atenção à historicidade interna da própria obra, na sua relação com uma origem subjetiva que não é simplesmente psicológica ou mental.[15]

Essa breve consideração do crítico permite modalizar tanto o sentido de um texto (a partir de seu histórico de recepção, e não mais de sua hipotética premeditação) como sua suposta intenção. A discussão dessas possibilidades não se sobreleva, contudo, ao apagamento do autor. Para Derrida, "escrever é retirar-se". A escrita seria um procedimento de emancipação da linguagem: "ser poeta é saber abandonar a palavra", "deixá-la falar sozinha".[16]

Discutir as diferentes objeções ao papel de relevo conferido à autoria de um texto significa aqui, e numa primeira etapa, portanto, identificar uma inclinação decisiva do pensamento crítico-teórico no século XX.

15. Jacques Derrida, *A escritura e a diferença*, 2ª ed. (tradução de Maria Beatriz Marques Nizza da Silva), São Paulo, Perspectiva, 1995.
16. Ibid., p. 61.

II. A LUTA COM O SENTIDO

Um aprofundamento dessa discussão se desencadeia pela constatação de que o autor que é recusado por essas diferentes correntes críticas é ainda, de certa forma, o sujeito psicológico e biográfico presente na filologia e no positivismo causalista da *explication de texte.* É aquela imagem autoral que se verifica nas *Lundis*, de Sainte-Beuve, nas deduções de caráter determinista de Taine e naquelas outras universalizantes a respeito da psicologia da "natureza humana", que Freud radicalizou em textos como "A Gradiva de Jensen", "Escritores criativos e devaneios" e "Dostoiévski e o parricídio". O autor que se procura apagar da moderna teoria da literatura não é muito diferente, afinal, daquele concebido no romantismo, que, das formas mais variadas, é tomado como alguém que se confessa na obra.

Para a crítica surgida junto às vanguardas modernistas e imediatamente depois delas, críticos como Walter Pater, Sainte-Beuve e Taine identificam-se entre si por enfatizarem a visão pessoal do autor, considerada como agente do sentido da obra. É preciso, por esse motivo, ponderar a respeito do alvo e do alcance das objeções formuladas pela crítica com relação à *autoria.*

Em muitos críticos, a rejeição ao eu biográfico como princípio da criação estética não se estende à intencionalidade. Na contestação de Proust a Sainte-Beuve, referida no início desta reflexão, o que está em jogo é substituir a intenção superficial, confirmada pela vida ou pelos testemunhos do autor, por outra, mais profunda: aquilo que o autor quis dizer por meio dos enunciados do texto.

Por seu turno, Eliot, em sua oposição ao método causalista, não nega a influência de uma visão particular sobre o texto, mas afirma que ela é fruto de uma "experiência pessoal" que resulta da fusão de sentimentos e sensações de natureza diversa e inquantificável. Por esse motivo, o que um autor nos diz a respeito daquilo que pretendeu com seu poema é entendido por Eliot como uma consideração *a posteriori*, que provavelmente engloba ideias levadas em conta no ato da escrita, mas que terão recebido relevo especial apenas quando o trabalho já estava finalizado.

De modo análogo, Wimsatt e Beardsley não negam, em seu célebre estudo, a presença do elemento intencional na estrutura de um poema; o que recusam é a aplicabilidade de qualquer análise genética do conceito de intencionalidade. Seu argumento é o de que a linguagem que é matéria-prima das estruturas verbais de um poema é um sistema público, não um código privado, isto é, um sistema regido por convenções sociais e não a consubstanciação do que se passa com um indivíduo.

Para usar uma expressão de Compagnon, as "teses anti-intencionalistas"[17] anteriores a Barthes de muitas maneiras não abalaram a noção de *autoria*, e sim os métodos explicativos do texto. Com radicalidade, "A morte do autor" procura confiscar a *autoridade* da investigação do sentido, mas, após um período relativamente longo de apoteose do discurso, a autoria volta a ser reivindicada pela crítica contemporânea, dessa vez sobre bases bastante diversas daquelas rejeitadas.

---

17. Com a referência, procuro deixar claro o diálogo que proponho, nas duas primeiras partes deste capítulo, com uma obra-chave de Compagnon para os estudos sobre a autoria literária: "O autor", *O demônio da teoria* – literatura e senso comum (tradução de Cleonice Paes Barreto Mourão e Consuelo Fortes Santiago), Belo Horizonte, Ed. UFMG, 2003.

Entre os caminhos traçados em direção ao *autor*, talvez o mais ortodoxo e combatido seja o percorrido por Harold Bloom. O crítico americano faz pouco caso das objeções de Barthes e Foucault, e se mostra empenhado em desautorizar as leituras "multiculturalistas" que tendem a se caracterizar pela identificação de grupos sociais minoritários (raciais, sexuais, étnicos, religiosos etc.) como geradores culturais. Bloom defende, com certa antipatia, que a experiência estética é necessariamente individual e que as possíveis formas de atuação da superestrutura social sobre o texto são infinitamente menos importantes do que o *gênio* individual:

> William Shakespeare escreveu trinta e oito peças, vinte e quatro delas obras-primas, enquanto a energia social jamais escreveu uma única cena. A morte do autor é um tropo, e um tanto pernicioso; a vida do autor é uma entidade quantificável. (...) A morte do autor, proclamada por Foucault, Barthes e muitos clones depois deles, é outro mito anticanônico, semelhante ao grito de guerra do ressentimento, que gostaria de descartar "todos os homens brancos europeus mortos".[18]

A despeito dos apagamentos dessa perspectiva, é importante considerá-la como protagonista de uma inversão importante de papéis no que diz respeito à noção contemporânea de *autor*. Para Bloom, o autor é antes de mais nada um *leitor criativo*, ou um *desleitor*. É desse ponto de vista que o papel da tradição é visto como fundamental para a escrita: os demais autores convertem-se na matéria-prima daquele que os sucede. Essa não é uma dimensão nova para a noção de *autoria*.

---

18. Harold Bloom, *O cânone ocidental* – os livros e a escola do tempo (tradução de Marcos Santarrita), Rio de Janeiro, Objetiva, 1994, pp. 43-45.

Qualquer poema é um interpoema e qualquer leitura de um poema é uma interleitura. Um poema não é escritura, mas *re-escritura*, e, apesar de um poema forte ser um novo ponto de partida, esse início é sempre um reinício.[19]

O que Bloom faz é levar ao extremo a visão de Eliot (e, antes dele, de Vico) a respeito da *tradição*, mas numa clave psicologizante.

Dessa inversão, no que diz respeito ao lugar da autoridade de um texto, um escritor tem especial relevo. Em "Kafka e seus precursores" (1951), Borges[20] perturba as noções de *originalidade* e de *influência* ao inverter o ângulo das observações sobre a tradição: para ele, é Kafka quem provoca uma leitura criativa de seus precursores, e, mais que isso, é Kafka quem cria seus precursores. Essa inversão da imagem autoral é fundamentalmente uma inversão cronológica: Borges rompe com o senso comum a respeito do passado e do futuro. Num conto seu, "Pierre Menard, autor do Quixote" (1939),[21] Menard teria reescrito os capítulos 9 e 38 da obra de Cervantes, e, ao reescrevê-los, o autor o teria feito de forma idêntica ao original. Apesar disso, ao confrontar dois fragmentos perfeitamente iguais, o narrador borgeano os considera totalmente diferentes. Nessa confrontação aparentemente absurda, o fato de Cervantes reaparecer idêntico três séculos depois, ou seja, o deslocamento temporal dos textos, modifica inteiramente seu significado. De modo análogo

---

19. Harold Bloom, *Poesia e repressão* – o revisionismo de Blake a Stevens (tradução de Cillu Maia), Rio de Janeiro, Imago, 1994, p. 15.

20. Jorge Luis Borges, *Outras inquisições* (tradução de Sérgio Molina), São Paulo, Globo, 1989.

21. Jorge Luis Borges, *Ficções* (tradução de Davi Arrigucci Jr.), São Paulo, Companhia das Letras, 2007.

a esse, Silviano Santiago lê Eça de Queirós como *autor* de *Madame Bovary*.[22]

Estamos diante de outra perspectiva de leitura, baseada no famigerado *anacronismo*: deslocar um texto de seu momento de produção mobiliza sua imagem autoral, redefinindo seus possíveis sentidos. À luz dessa consideração, a *Estética da recepção* e o *Reader-response* não são simplesmente um desvio de atenção da autoria, mas sua reformulação, seu deslocamento para a outra ponta do sistema literário (autor-obra-público): o leitor como legitimador do sentido. O autor está vivo. O significado continua sob a tutela de alguém, que agora deixa de ser aquele que arranja palavras no papel e passa a ser o que as percorre com os olhos.

O leitor torna-se autor. Eis uma hipótese interpretativa para as diferentes fenomenologias do leitor individual (R. Ingarden e W. Iser) e coletivo (H. R. Jauss e U. Eco). Possivelmente, uma de suas bases esteja na objeção que Wayne Booth (1961) formulou ao já referido texto de Beardsley e Wimsatt, e que já era uma maneira de recusar o futuro clichê da *morte do autor*. Segundo o crítico, o autor nunca se retira totalmente de sua obra. Ele deixa nela sempre um substituto que a controla em sua ausência: o *autor implícito*. Booth afirmava que o autor constrói seu leitor da mesma maneira como constrói o seu *segundo eu* (lembre-se do *outro eu*, de Proust), e que a leitura mais bem-sucedida é aquela para a qual os "eus" construídos (autor e leitor) podem entrar em acordo. O autor implícito se dirige ao leitor implícito (ou o narrador ao narratário). Quando isso acontece, o autor define as condições

---

22. Silviano Santiago, "Eça, autor de Madame Bovary", in *Uma literatura nos trópicos*, São Paulo, Perspectiva, 1978.

de entrada do leitor real no livro: o leitor implícito é uma construção textual, prevista, portanto, pelo autor.

Dessa aproximação entre autor e leitor, Umberto Eco se vale com especial atenção. Sem assumir uma posição específica na discussão, o semiólogo italiano defende um aparente meio-termo entre a intenção do autor e a intenção do leitor, a que chama de *intentio operis*. É curioso reparar no mecanismo retórico de Eco. Nele, é constante a recorrência a exemplos pessoais e retirados de *O nome da rosa*. Note-se o *mea culpa*, em tom de apelo, do autor italiano com seu interlocutor: "Espero que meus ouvintes concordem que introduzi o autor empírico neste jogo para enfatizar sua irrelevância e reafirmar os direitos do texto".[23] Ao que parece, Eco tenta encobrir, não sem engenhosidade e apelo, uma postura conservadora: diz concordar com os *new critics*, que rejeitam a intenção pré-textual do autor como pedra de toque interpretativa, mas em seguida afirma que o autor empírico deve ter ao menos a permissão de rejeitar certas interpretações. É justamente o autor de *Obra aberta* quem afirma: "Tenho a impressão de que, no decorrer das últimas décadas, os direitos dos intérpretes foram exagerados".[24] A maneira como Eco arremata sua última conferência a respeito da "interpretação", ou do papel e do lugar do leitor no processo de construção do sentido, é uma reclamação da presença do *autor*, referido pela palavra *texto*: "Entre a história misteriosa de uma produção textual e o curso incontrolável de suas interpretações futuras, o texto enquanto tal representa uma presença confortável, o ponto

23. Umberto Eco, *Interpretação e superinterpretação* (tradução de Monica Stahel), São Paulo, Martins Fontes, 1993, p. 100.

24. Ibid., p. 27.

ao qual nos agarramos".[25] O "texto enquanto tal" é, afinal, uma maneira de dizer que o sentido está seguro e determinado pelo autor.

Esses postulados são estranhos à crítica anti-intencionalista. O texto, encarado como um código autônomo com relação ao autor, há muito deixou de ser considerado um porto seguro para o leitor. Para muitos teóricos da literatura (o Barthes de *S/Z*, o Derrida pós-estruturalista, Iser e, é claro, Fish), o texto é apenas o ponto de partida, o estímulo inicial, a partitura com base na qual as expectativas de leitura de certas comunidades interpretativas atuarão. Desse ângulo, a defesa da determinação do sentido com base em leituras "textuais" (Eco) soa como um refugo teórico, por ser um retorno ao porto seguro da *autoria*, na discussão a respeito da liberdade do leitor. O argumento de Eco converte-se, como identificou Antoine Compagnon, numa maneira dissimulada de defender, em última análise, a supremacia do autor.

O retorno ao *autor* é, assim, caracterizado por posições tanto heterodoxas quanto tradicionalistas. No contexto das revisões a seu respeito, uma das interpretações mais bem embasadas é uma análise retrospectiva que Paul de Man faz a respeito do *new criticism*. Para de Man, os críticos formalistas americanos buscam, em comum, defender a poesia de instrumentos deterministas simplificadores da relação complexa entre tema e estilo. No entanto, essa defesa careceria de uma reflexão mais apurada a respeito da noção de "intencionalidade". Esse é o

25. Ibid., p. 104.

núcleo argumentativo de "Forma e intencionalidade no *New Criticism* americano" (1966).[26]

Em linhas gerais, de Man figura entre os críticos mais empenhados em refletir a respeito das limitações de alcance das correntes formalistas de análise, ou, dizendo de outro modo, das correntes críticas que relegam ao autor uma função acessória no processo de interpretação. Ao invés disso, ele defende a concepção de uma "estrutura intencional da forma literária":

Um estudo verdadeiramente sistemático dos principais críticos formalistas de língua inglesa dos últimos trinta anos revelaria sempre uma rejeição mais ou menos deliberada do princípio da intencionalidade. O resultado seria um endurecimento do texto numa mera superfície que impede a análise estilística de penetrar para além das aparências sensoriais e chegar até a percepção da "luta com o sentido", cuja descrição deveria ser o objeto de toda a crítica, incluindo a crítica das formas. Com efeito, as superfícies, ao serem artificialmente separadas do fundo que as suporta, permanecem também ocultas. O malogro parcial do formalismo americano, que não produziu obras de primeira grandeza, deve-se a uma falta de consciência da estrutura intencional da forma literária.[27]

Entre seus trabalhos relevantes para esse tema, incluem-se, além do estudo mencionado, as reflexões a respeito das noções de "eu literário", "impessoalidade" e "sublimação do eu", aplicadas respectivamente às críticas de Georges Poulet, Maurice Blanchot e Ludwig Binswanger, as análises do estruturalismo e do formalismo, e, por

---

26. Cf. Paul de Man, *O ponto de vista da cegueira* – ensaios sobre a retórica da crítica contemporânea (tradução de Miguel Tamen), Braga; Coimbra; Lisboa, Angelus Novus/ Cotovia, 1999.

27. Ibid., p. 59.

fim, a recensão crítica de *The Anxiety of influence*, de H. Bloom.

Dessas leituras resulta uma relação mais profunda entre as noções de *autoria* e sentido, que é exemplarmente solicitada pela crítica de Compagnon,[28] cujas coordenadas são esclarecedoras para o presente debate. Para o teórico francês, a presunção da intencionalidade permanece nos estudos literários. O núcleo de sua argumentação consiste em desvencilhar-se de ter que decidir entre duas posições extremas e contrárias: o subjetivismo determinista da tese intencionalista e o objetivismo relativista da tese anti-intencionalista. Para o crítico francês, "a intenção é o único critério concebível de validade da interpretação, mas ela não se identifica com a premeditação clara e lúcida".[29] Segundo a sua argumentação, pode-se procurar num texto o que ele diz com referência ao seu próprio contexto de origem, bem como aquilo que ele diz com referência ao contexto contemporâneo ao leitor. As alternativas, colocadas dessa forma, deixam de ser excludentes e se tornam complementares.

Ainda segundo Compagnon, compreender é recuperar a intenção, não a premeditação, porque não existe outra evidência maior para se realizar essa tarefa do que a própria obra. Resulta dessa linha de reflexão um aprofundamento dessa noção, tal como requerido por de Man com relação a Beardsley e Wimsatt. O conceito-chave de que o teórico francês lança mão para essa discussão é o de *intenção em ato*. O que está na base das distinções entre o texto e sua intenção é a velha oposição falaciosa en-

---

28. Antoine Compagnon, *O demônio da teoria* – literatura e senso comum (tradução de Cleonice Paes Barreto Mourão e Consuelo Fortes Santiago), Belo Horizonte, Ed. UFMG, 2003.

29. Ibid., p. 79.

tre pensamento e linguagem. Uma vez que essa distinção seja abolida, a intenção torna-se aquilo que se quis dizer com o texto, e não mais antes dele. Dessa perspectiva, ela não é mais o projeto, mas o sentido.

III. ESCREVER É HETERONIMIZAR

Para autores como Eco, Compagnon e de Man, termos como *intentio operis*, *intenção em ato* e *estrutura intencional* parecem resolver o problema da intencionalidade por meio de sua adesão ao texto, e não ao autor. No entanto, o que venho procurando discutir não é especificamente a intencionalidade, mas a autoria, enquanto a primeira é um aspecto da segunda. Sendo o *autor*, por um lado, mais do que simplesmente o ser de carne e osso, biografizável, psicologizável e sociologizável, que o positivismo novecentista tratou de alimentar, e, por outro lado, alguém que ultrapassa um conjunto de intenções, é preciso repensar esse sistema de rejeições como um movimento que não invalida outra sua dimensão, possivelmente mais significativa.

Como tentativa de aprofundamento dessa discussão, proponho, ainda que sucintamente, pensar o *problema da autoria* com base na própria criação literária, em especial naquela que talvez o tenha encarado de modo mais radical. Isso significa, em outras palavras, alterar um contexto de discussão: deslocar a poética do poeta português Fernando Pessoa, especificamente a discussão que suscita a respeito da noção de *heteronímia*, ao plano do debate teórico mais amplo sobre a *autoria*.

Lembremos que, ao compor poemas em diferentes estilos e engendrando conjuntos distintos de ideias, Fernando Pessoa optou por produzir personalidades com biografias, isto é, com nomes, uma certa aparência, um reduzido número de hábitos, local e data de nascimento, e uma genealogia. Traçou o mapa astral dessas personalidades e delimitou algumas de suas leituras. Atribuiu-lhes conjuntos de poemas e, posteriormente, fez essas personagens criadoras interagirem entre si, deixando transparecer dúvidas, convicções e modos distintos de argumentar, a ponto de nos informar sobre diferentes visões de mundo. Pessoa nos forneceu, em suma, contextos fictícios de produção para sua obra, por meio de diferentes *autorias*.

O expediente resultou num *pacto ficcional*: quando nos referimos a Caeiro, Campos e Reis, imaginamos sujeitos com atributos intelectuais, e não perspectivas sem dono, ou com um único dono. Quando se diz que Reis é despido de afetos, alguém imobilizado diante do destino das coisas, vem à mente um ser, um autor e um núcleo de ideias das quais esse autor tem convicção e que nos reporta. Assim, se queremos nos referir às "Odes", fazemos menção a Reis, ao que "ele" pensava e sentia, e que, enquanto autor, "exprimiu" naqueles textos. Fazemos isso mesmo sabendo que esse "ele", como indivíduo, nunca existiu.

É verdade que a adesão inadvertida ao que foi proposto por Pessoa levou a um psicologismo, desenvolvido na década de 1950,[30] responsável por cristalizar uma imagem edipiana do poeta. Embora ressonâncias dessa leitura sejam comuns ainda hoje, uma resposta a ela não tardou a ser formulada. Como notou de passagem Adolfo

30. João Gaspar Simões, *Vida e obra de Fernando Pessoa* – história duma geração [1951], 6ª ed., Lisboa, Publicações Dom Quixote, 1991.

Casais Monteiro[31] e, a seguir, Eduardo Lourenço,[32] Pessoa não criou personalidades que produziram poemas; Pessoa escreveu poemas que só depois suscitaram personalidades. Essa assertiva conduz a uma inversão simples no nosso modo de falar, e que dificilmente adotaremos, mas que implica dizer, por exemplo, que "O Guardador de Rebanhos" é que é autor de "Caeiro", e não o contrário – assim como a *Ilíada* e a *Odisseia* são não apenas as matrizes do mundo grego antigo que conhecemos, mas o código genético de "Homero".

Despertada essa consciência, à crítica foi dada a oportunidade de repensar parte de seu vocabulário. Eduardo Lourenço cunhou a expressão "poemas-Caeiro" para esvaziar o nome de personalidade e inundá-lo de sentido, bem como de estilo. Caeiro é o estilo, o eu lírico resultante daqueles poemas, sem carne ou osso. Mas mesmo após estar desvendado o jogo de ideias e palavras que Pessoa criou, continuamos a nos reportar a Caeiro do mesmo modo como nos reportamos a Camões ou a Bocage; isso porque, provavelmente, atribuir uma personalidade, e, portanto, uma *autoria* a uma escrita, é uma forma habitual de designar seu estilo.

Pessoa nos havia habilmente fornecido as ferramentas para isso, não apenas para metonimizar seus textos (para nos referirmos à obra por meio do autor: "ler Caeiro", por exemplo), mas para que pudéssemos imaginar um indivíduo que consubstanciasse a própria arte. Assim, não nos apresentou Campos como um intelectual tímido;

---

31. Adolfo Casais Monteiro, *Estudos sobre a poesia de Fernando Pessoa*, Rio de Janeiro, Agir, 1958.

32. Eduardo Lourenço, *Fernando Pessoa revisitado* – leitura estruturante do drama em gente [1973], 2ª ed., Lisboa, Moraes Editores, 1981.

provavelmente porque a ideia de um homem pacato por trás da fúria orgânica de seus versos iniciais não os traduz em vida; não nos ajuda, afinal, a imaginar, a cultuar, como se faz com um ídolo, a sua obra.

A atitude "moderna" de um crítico diante de um texto é a de ignorar a vida que o alimenta; a de um poeta é a de despersonalizar-se no estilo construído. Essas são lições de época. Embora nem sempre nos interesse colocar em prática esse preceito, aprendemos que devemos deixar de querer entrever no autor as qualidades do homem e de explicar a obra pelas características do indivíduo. Falamos então em *escrita*, *texto*, e evitamos seu hipotético caráter expressivo, porque a forte carga niilista e anti-humanista que herdamos do pensamento crítico dos anos 1960 e 1970 impede que incorramos na falácia afirmativa de que um texto *expressa* algo exterior ou anterior a si. Um texto só pode expressar a si mesmo – eis o resultado, digamos, algo deceptivo dessa lição.

Na tentativa de substituir o olhar inespecífico, e persistente, que tratava romanticamente o indivíduo como alvo de uma arqueologia de saberes passíveis de serem descritos por uma explicação antropológica, o louvor a uma suposta onipotência da linguagem tinha, sem dúvida, uma conotação liberal. Hoje, no entanto, essa mesma atitude configura em nossas práticas críticas novos tabus.

A heteronímia, porém, carrega algo mais antigo que isso, e que ao mesmo tempo o ultrapassa, porque concretiza uma ilusão de vida ditada por estilos. Consequentemente, o homem pacato que vivia na casa da tia Anica, e que trabalhava como correspondente estrangeiro num escritório da Baixa, pode ser deixado de lado, apagado, e os eu-líricos, incluso o ortônimo (uma máscara disfarçada de "Pessoa", tão ou mais biografizável que ele próprio), vêm para substituí-lo como *autores.*

O que significa afirmar a autoria através da heteronímia? Note-se que a descentralização que a heteronímia impõe ao sujeito da escrita exige uma noção mais complexa de autoria. Uma vez desconfigurada como disposição mental de seu autor, ou conjunto de eleições de perfis, a heteronímia pode ser entendida não só como uma maneira de prolongar o ato criador, mas, sobretudo, como a forma de existência dessa poesia. A heteronímia se realiza, até se perder de vista, como um jogo de autorias. Isso porque, se a entendemos dessa maneira, ela deixa de ser um apelo original ao prestígio de um autor único e hipotético, de uma imagem criadora anterior à escrita, e passa a significar um estado de concreção poética: escrever é heteronimizar. O que a heteronímia revela, de um modo luminar, é que a escrita não se realiza *por* um autor; ela se perfaz *para* um autor.

Do ponto de vista crítico, decorre daí uma enorme inversão de perspectiva, porque implica pensar que Pessoa não antecede seus poemas, que não é um autor que os alimenta de características individuais, mas alguém que se torna autor quando coincide com a escrita, no ato da enunciação, e nunca antes dela. Plasmado em linguagem, não será Pessoa seu autor, mas Caeiro, Campos, Reis, Soares... e o ortônimo, ou seja, não o Fernando António Nogueira Pessoa, mas um Fernando Pessoa, homônimo e recém-nascido, presentificado pela enunciação. O que se verifica, portanto, na recorrência de uma escrita em diferentes domínios dessa poesia, tanto não é uma voz una, porque uma "voz" é sempre a fala de alguém, de um autor hipotético, ao qual poderíamos fornecer uma biografia etc., como não é um espaço anônimo de elocução.

Mas uma voz que, desautorizada, autoriza – é ela mesma, afinal, que produz a autoria. Dessa perspectiva, o sentido do texto não *estava* em seu autor, *estará* nele, o autor, criação do próprio texto. A heteronímia reafirma o autor, não como o dono pretérito do sentido, mas como efeito de sentido de um texto.

O fenômeno heteronímico empresta à autoria um novo estado de legitimidade enunciativa, na medida em que possibilita pensá-la como sendo a produção de um sujeito da linguagem, um sujeito que pode ser, até mesmo, imaginado como um corpo orgânico e anterior ao texto (eis o jogo, afinal), mas que foi constituído e então lançado para trás por um material genético composto por traços de estilo. Afinal, como afirmou o poeta russo Joseph Brodski, "a biografia de um escritor está nos meandros de seu estilo".[33]

Tornou-se lugar-comum entre os críticos referir-se a autores como Proust, Eliot e Borges como escritores-críticos, isto é, semeadores de problemas cruciais para a Teoria da Literatura. Dada a sua natureza especulativa e o grau de aprofundamento com que o *literário* é discutido na obra de Pessoa, causa certo estranhamento a constatação de o quão pouco o fenômeno heteronímico foi explorado de uma perspectiva teórica imprevista por seu autor. No Brasil, entre possíveis explicações para isso, está o diálogo ainda tímido, quando não unilateral, entre as áreas de Literatura Portuguesa e Teoria Literária. Isso para dizer, em suma, que as preocupações que Pessoa tem suscitado entre seus críticos são em geral preocupações circunscritas pelo próprio Pessoa, ou por questões relati-

33. Joseph Brodsky. *Menos que um* (tradução de Sergio Flaksman), São Paulo, Companhia das Letras, 1994, p.11.

vas à tradição portuguesa.[34] A recontextualização do problema heteronímico no campo de debates sobre a autoria, aqui entendido como central da moderna Teoria da Literatura, tanto é capaz de arejar um espaço de discussão exclusivo de alguns autores, como de solicitar um passo além no território explorado por nomes como Jakobson, Eliot, Wimsatt, Barthes, Foucault, Eco, Derrida e de Man.

34. Conferir, a esse respeito, o número 3 da revista *Estranhar Pessoa*, dedicado a discutir a autoria em Pessoa. Editores Rita Patrício e Gustavo Rubim, Universidade Nova de Lisboa, Outono de 2016.

Depõe-se um rei, a paternidade do poema:

"Chuva Oblíqua" e a forma heteronímica em Fernando Pessoa

Não sou eu quem descrevo. Eu sou a tela.
Fernando Pessoa

I. UMA VOZ EM SURDINA OU O JOGO DA ESCRITA

Fernando Pessoa hesitou em atribuir autoria a alguns de seus poemas. Isso aconteceu de um modo especial com o poema "Chuva Oblíqua". Essa é a pista para pensarmos sobre como se deu a construção autoral em sua obra.

É no segundo número da revista *Orpheu*, lançado em Lisboa, em 1915, que aparece pela primeira vez "Chuva Oblíqua". Já ali, a autoria do poema está definida, designada a "Fernando Pessoa", e não mais sofrerá mudanças.[1]

1. *Orpheu 2* [1915]. 2ª. reed. (preparação do texto e introdução de Maria Aliete Galhoz), Lisboa, Edições Ática, 1979, pp. 115-123.

A justificativa cabal para essa atribuição é muito posterior a ela. Na famosa carta escrita em 13 de janeiro de 1935 para o crítico Adolfo Casais Monteiro, Pessoa refere-se a "Chuva Oblíqua" como "o regresso de Fernando Pessoa Alberto Caeiro a Fernando Pessoa ele só. Ou melhor, foi a reação de F. Pessoa contra a sua inexistência como Alberto Caeiro".[2] O trecho é riquíssimo em implicações.

Vejamos que, pouco antes do lançamento de *Orpheu* 2, essa atribuição havia sido fruto de indecisão. Em carta enviada ao escritor Armando Côrtes-Rodrigues, de 4 de outubro de 1914 – escrita, portanto, cerca de sete meses depois da escrita do poema, e num período em que o Interseccionismo (termo com que Pessoa designa a poética de "Chuva Oblíqua") significa ainda a tentativa de criar um movimento literário em Portugal –, o poeta planeja publicar uma *Antologia do Interseccionismo*. Pessoa agrupa ali poetas muito diferentes, mas o que chama especialmente a atenção é, no item 6, a atribuição de "Chuva Oblíqua" a Álvaro de Campos:

> Agora o mais importante, o que era mais preciso não esquecer dizer-lhe.
>
> Em vez de uma revista interseccionista, contendo o manifesto e obras nossas, decidimos (e v., estou certo, concordará), para evitar possíveis fiascos e não poder continuar a revista, etc., e, ao mesmo tempo, ficar coisa mais escandalosa e *definitiva*, fazer aparecer o interseccionismo, não em uma revista nossa, *mas em um volume, uma Antologia do Interseccionismo.* Seria este, mesmo, o título.
>
> Seria publicado logo que fosse possível, logo depois de acabada a guerra, é de supor. A composição do volume deve ser esta, pouco mais ou menos:

---

2. Fernando Pessoa, *Correspondência – 1923-1935* (edição de Manuela Parreira da Silva), Lisboa, Assírio & Alvim, 1999, pp. 337-348.

1. Manifesto (*Ultimatum*, aliás).
2. Poesias e prosas de Fernando Pessoa.
3. Poesias e prosas ("Eu-próprio o Outro", pelo menos) do Sá-Carneiro.
4. Poesias e prosas de A. Côrtes-Rodrigues. (Vá v. vendo o que de mais caracteristicamente interseccionista tem; e vá mandando, para não se perder tempo. Não sabemos ainda ao certo o espaço que competirá a cada um, mas, devendo o livro ter entre 96 e 128 páginas, v. deve fazer um cálculo aproximado.)
5. Poesias e prosas de A. P. Guisado.
6. Poesias de Álvaro de Campos ("Chuva Oblíqua" – Rei Cheops, etc.)
7. *O Interseccionismo explicado aos inferiores.* (É aquela explicação do interseccionismo por meio de gráficos que, uma vez, na *Brasileira*, lhe delineei. Recorda-se?)[3]

Sucede que, não sabemos se pouco tempo antes ou depois de ter escrito esse plano de publicação, Pessoa teria preferido assinar o poema com outro nome. Maria Aliete Galhoz descobre uma nota do autor, sem data, na qual o poeta planeja incluir poesia no *Livro do Desassossego*. Ali, é a Bernardo Soares que se confere a paternidade de "Chuva Oblíqua":

Bernardo Soares.
Ruas dos Douradores.
Os trechos vários (Sinfonia de uma noite inquieta, Marcha Fúnebre, Na Floresta do Alheamento).
Experiências de ultra-sensação:

---

3. Fernando Pessoa, *Correspondência – 1905-1922* (organização de Manuela Parreira da Silva), São Paulo, Companhia das Letras, 1999, pp. 128-129.

1. Chuva Oblíqua.
2. Passos da Cruz.
3. Os poemas de absorção musical que incluem Rio entre sonhos.
4. Vários outros poemas que representam iguais experiências (Distinguir o "em congruência com a esfinge" – se valer a pena conservá-lo – do "Em horas indas louras" meu.)

Soares não é poeta. A sua poesia é imperfeita e sem a continuidade que tem na prosa; os seus versos são o lixo de sua prosa, aparas do que escreve a valer.[4]

Não fosse o bastante, Teresa Rita Lopes, outra especialista em desvendar o espólio pessoano, faz uma revelação: "'Chuva Oblíqua' andará, aliás, de mão em mão: e, estranhamente, as primeiras em que esteve, foram... as de Caeiro!" Segundo a autora, numa lista de poemas atribuídos a Caeiro (Esp. BN 48-27), Pessoa anota o seguinte:

1. O Guardador de Rebanhos. 1911-1912
2. Cinco Odes Futuristas. (1913) – 1914
3. Chuva Oblíqua. 1914

(Poemas Inters.)[5]

---

4. Fernando Pessoa, *Obra poética* (organização de Maria Aliete Galhoz), 3ª ed., Rio de Janeiro, Nova Aguilar, 2001, pp. 659-660.

5. Fernando Pessoa, *Poesia – Álvaro de Campos* (edição de Teresa Rita Lopes), São Paulo, Companhia das Letras, 2002, p. 30.

Essa transferência de paternidade, num primeiro momento, nos conduz a olhar para a heteronímia como um jogo de atribuições que é secundário à escrita do(s) poema(s). Se Pessoa imagina "Chuva Oblíqua" como um texto passível de receber diferentes paternidades, é porque não foram essas "personalidades" que produziram o poema, que o definiram – o poema já estava escrito –, mas sim porque considera que o poema é que ajudará a defini-las. Como será Campos, sendo ele o autor de "Chuva Oblíqua"? O que deve ter se passado com Caeiro para tê-lo escrito? São hipóteses que, por certo, requereriam justificativas no plano do jogo heteronímico, alterações nos perfis que Pessoa traça a Caeiro e Campos. Mas, mais importante que isso, é considerar que essas atribuições, uma vez concretizadas, introduziriam enormes incongruências nessas escritas. A "escrita-Campos", por assim dizer, e, especialmente, a "escrita-Caeiro", não seriam já a mesma coisa em 1914, o ano de início de sua produção, tendo "Chuva Oblíqua" como uma de suas fontes. Isso porque o caráter "cerebral" e descritivo de "Chuva Oblíqua" (Pessoa diz "estático") pouco tem a ver com o estilo impulsivo e eloquente das grandes odes assinadas como "Álvaro de Campos", em 1914 e 1915 (datas da escrita e publicação do poema), e menos ainda com a perspectiva atribuída a "Caeiro", que busca apreender tão somente a materialidade do mundo exterior. O olhar dominante em "Chuva Oblíqua" é, por seu turno, marcadamente analítico e subjetivo, através do qual os mundos exterior e interior tornam-se um só. A atribuição do poema a Bernardo Soares, de resto, remodelaria por completo o perfil de sua "personalidade criadora", porque além de resultar no redirecionamento de uma escrita, e dos planos sobre o *Livro do Desassossego*, forçaria, segundo o próprio

Pessoa, um prosador a escrever em versos. Logo, nesses primeiros meses que se sucederam à escrita do poema, não parece incerto considerar que "Chuva Oblíqua" surge como um complicador na obra de Pessoa.[6]

A quarta, e derradeira, paternidade do poema, Pessoa confere a si mesmo, ou melhor, à assinatura com o seu nome. Devemos indagar o que deve ter se passado com "Fernando Pessoa", o autor dos poemas anteriores a "Chuva Oblíqua", para tê-lo escrito.

Segundo Pessoa, nada. Essa opção é descrita por ele, na carta de 1935, como uma medida natural: para o autor, teria apenas se tratado de um regresso a si mesmo. De um retorno ao *modus operandi* anterior aos poemas d'"O Guardador de Rebanhos" que acabara de escrever naquela ocasião – ocasião esta que ele batizaria de "Dia Triunfal". Mas uma rápida análise do texto em que o poeta justifica sua decisão revela o contrário; isso porque, na carta, esse "regresso" não tem, e não pode ter, sentido literário. Caso tivesse, Pessoa não poderia associar "Chuva Oblíqua" a um novo estilo, o interseccionista, e julgá-lo uma evolução das poéticas anteriores, como a simbolista e a "paúlica", por ele criada em 1913.

O "regresso" é, na verdade, a tentativa de restituição de uma autoria perdida, e não de uma escrita. De uma autoria que havia sido substituída por Caeiro. Daí Pessoa ter explicado, antropologicamente, tratar-se de uma "reação (...) contra sua inexistência". Para Pessoa, o autor de "Chuva Oblíqua" é aquele que coincide com o indivíduo Pessoa, não um ser fictício, mas o que existe.

---

6. Um complicador que, não obstante, e conforme demonstrei em um longo estudo (*Fernando Pessoa ou do Interseccionismo*, Tese de Doutorado – Unicamp, 2005), deixou rastros seminais nesses outros domínios poéticos.

Isso é o que está afirmado na referida carta. Mas o que começa a se verificar na poesia de Pessoa é que, em torno de um mesmo nome, vão-se reunindo multiplicidades de estilo que escapam ao suposto comando de personalidades criadoras bem delineadas. "Campos" é, a rigor, um nome que passará a reunir diferentes identidades literárias. Fruto da poesia que Pessoa lhes atribui, essas personalidades lançam-se para fora da carta sobre a gênese dos heterônimos, da "Tábua Bibliográfica", das " Notas para a Recordação do Meu Mestre Caeiro" etc., para se tornarem eu líricos cada vez mais complexos e, afinal, dispersos.[7]

Esse processo, a menos que nos reportemos exclusivamente ao projeto poético, não significa um desajuste interno à obra. O que se verifica é, mais sugestivamente, que a dissolução da heteronímia, entendida como o contorno ficcional fornecido a diferentes escritas, está prevista em seu próprio âmago. O que amplia a dimensão da obra de Pessoa é, em outros termos, uma diversidade de sujeitos poéticos que, a exemplo do que ocorre no *Livro do Desassossego*, sobressai à diversidade de assinatu-

---

7. É flagrante, nesse sentido, a engenhosidade da crítica para reforçar essas personalidades, de modo a fazê-las acompanhar a trajetória da obra. Lembro, por exemplo, da classificação criativa (e a mais específica dentre as que foram feitas) que Teresa Rita Lopes propõe para Álvaro de Campos. A crítica fala em duas fases para esse heterônimo, uma anterior e outra posterior a Caeiro. A anterior, do autor de "Opiário", seria marcada pela imagem do "poeta decadente", abertamente construída por Pessoa (1913-1914). A posterior está subdividida em três momentos: a do "Engenheiro Sensacionista" (1914-1923), marcada pelas grandes odes; a do "Engenheiro Metafísico" (1923-1931), em que se nota a inquietação de "Tabacaria", p.e; e finalmente a do "Engenheiro Aposentado" (1931-1935), em que assistimos à desistência dos planos e a uma aproximação notável do tom saudoso e angustiado do ortônimo. Cf. Teresa Rita Lopes, "Este Campos", in *Poesia – Álvaro de Campos*, op. cit., pp. 25-47.

ras inventadas pelo poeta. Essa pluralidade é uma característica que escapa às atribuições, que vai além delas, por se constituir como temática nos poemas.

Esse fracionamento interno à escrita de Pessoa contribui para a discussão sobre a autoria de "Chuva Oblíqua". Acompanhemos, em quatro etapas, a problematização desse conceito sob um ângulo mais aberto, considerando seu *modus operandi* em toda a obra:

1) Num primeiro momento, de autoafirmação, "Campos" "dirá": "E os meus versos são eu não poder estoirar de viver".[8] O que Pessoa nos apresenta é um eu lírico sensacionista cuja energia vital se transfere para seus versos. Mas quem fala é esse próprio sujeito, o eu lírico Campos, usando o possessivo "meus". Assim, é preciso imaginar um Álvaro de Campos que de fato existe e que se vale da escrita para se realizar. Mesmo que se desconsidere o apetrecho heteronímico, a imagem definida de um *sujeito* "Campos" (de dentro do texto) que se pretende um *autor* Campos (de fora do texto) se depreende dos poemas, portanto. Do seu modo, "Caeiro" também "existe": "Assim tem sido sempre a minha vida, e assim quero que possa ser sempre – / Vou onde o vento me leva e não me deixo pensar".[9] Ou então: "Reparem bem para mim: / Se estava virado para a direita, / Voltei-me agora para a esquerda, / Mas sou sempre eu, assente sobre os mesmos pés – / O mesmo sempre, graças ao céu e à terra / E aos meus olhos e ouvidos atentos / E à minha clara simplicidade de alma...".[10] E Reis: "Meus dias, mas que um passe

---

8. *Poesia – Álvaro de Campos*, op. cit., p. 157.

9. Fernando Pessoa, *Poesia – Alberto Caeiro* (edição de Fernando Cabral Martins e Richard Zenith), São Paulo, Companhia das Letras, 2001, p. 179.

10. Ibidem, p. 66.

e outro passe / Ficando eu sempre quasi o mesmo, indo / Para a velhice como um dia entra / No anoitecer".[11] A recorrente cristalização das identidades poéticas ganha organicidade, não apenas estilística, mas existencial. Para que isso ocorra, esses diferentes eu líricos se reportam ao leitor como seres coerentes e únicos. Em sua máxima vitalidade, essa afirmação da identidade tende a migrar para a afirmação do ser orgânico, portanto.

2) Mas a ideia de um sujeito poético com identidade própria e distinta da do sujeito real Fernando António Nogueira Pessoa é a fronteira que a encenação heteronímica não ultrapassa. Sucede que a poesia que se aloja sob esses nomes fictícios revela uma exaltação e, posteriormente, uma dissolução desses sujeitos poéticos. Sua especificidade tende sempre a se dissolver em outras unidades menores, de uma tal maneira que se faz sentir, em cada uma dessas escritas, traços característicos das demais e de tantas outras que não foram identificadas por Pessoa. É assim, por exemplo, que, num poema atribuído a "Álvaro de Campos", surge uma voz que claramente se identifica como "Alberto Caeiro": "Não há sossego, / E os grandes montes ao sol têm-no tão nitidamente! // Têm-no? Os montes ao sol não têm coisa nenhuma do espírito. / Não seriam montes, não estariam ao sol, se o tivessem".[12] E os entrelaçamentos se repetirão na dicção de Reis, transparecendo num poema assinado como "Fernando Pessoa": "A vida é terra e o vivê-la é lodo. / Tudo é maneira, di-

---

11. Fernando Pessoa, *Poesia – Ricardo Reis* (organização de Manuela Parreira da Silva), São Paulo, Companhia das Letras, 2000, p. 183.

12. *Poesia – Álvaro de Campos*, op. cit., p. 283.

ferença ou modo. / Em tudo quanto faças sê só tu, / Em tudo quanto faças sê tu todo".[13]

3) Ocorre que, dentre essa profusão de vozes alojadas num mesmo domínio (já, a essa altura, desconfigurado, portanto, como hipotética unidade), uma voz aparece transcendendo a todas elas, flagrada como um pensamento voltado para elas, para a heteronimização em si mesma: "O coração pulsa alheio, / Impossível de escutar. / Quando é que passará este drama sem teatro, / Ou este teatro sem drama, / E recolherei a casa?".[14] Quem diz isso? O sujeito do enunciado aqui não parece ser mais Campos, tampouco algum outro heterônimo. O tom é mais o de um desabafo sem identificação. Em "Tabacaria", parece mais claro que a voz insurgente, essa mesma voz, possa ser identificada como a de Pessoa. Mas, notemos bem, não o Pessoa indivíduo, que respira, tampouco aquele que assina os versos do *Cancioneiro*, dos *Poemas Ingleses*, de *Mensagem*, do *Fausto* etc., e sim de um Pessoa pensado como uma supra-identidade, que estaria presente em toda a obra e que confirmaria um ângulo de convergência comum a seus diferentes domínios:[15] "Génio? Neste momento / Cem mil cérebros se concebem em sonho génios como eu, / E a história não marcará, quem

---

13. Fernando Pessoa, *Poemas de Fernando Pessoa – Rubaiyat*, Edição crítica de Maria Aliete Galhoz, Lisboa, INCM, 2008, p.41.

14. *Poesia – Álvaro de Campos*, op. cit., p. 439.

15. Essa formulação me ocorreu a partir da tópica latina da *reductio ad absurdum*, que funciona como clave de leitura para O. Lopes ler a poesia de Pessoa. O crítico entrevê uma unidade mais profunda na obra, percebida nos momentos em que os heterônimos recaem em contradição, revelando, por decorrência, essa supra-identidade. Cf. Óscar Lopes, "Fernando Pessoa", in *Entre Fialho e Nemésio* – Estudos de Literatura Portuguesa Contemporânea, v. 2, Lisboa, Imprensa Nacional-Casa da Moeda, 1987.

sabe?, nem um,".[16] O mesmo tema de que trata essa passagem, Pessoa aborda em carta de 5 de junho de 1914, que envia a sua mãe, Madalena Nogueira:

> Que serei eu daqui a dez anos – de aqui a cinco anos, mesmo? Os meus amigos dizem-me que eu serei um dos maiores poetas contemporâneos – dizem-no vendo o que eu já tenho feito, não o que poderei fazer (senão eu citava o que eles dizem...). Mas sei eu ao certo o que isso, mesmo que se realize, significa? Sei eu *a que isso sabe*? Talvez a glória saiba a morte e a inutilidade, e o triunfo cheire a podridão.[17]

Essa voz, numa primeira instância, poderia ser designada como a supra-identidade existencial dos poemas. Se passássemos a ler a obra de Pessoa como detetives, encontraríamos essa voz emergindo dos desabafos, das confissões, dos lapsos e das contradições em diferentes domínios seus. O primeiro biógrafo de Pessoa, João Gaspar Simões, entende ser essa a voz *real* e *sincera* de Pessoa. Autores vários, como Robert Bréchon e Óscar Lopes, identificaram a recorrência dessa voz na temática da infância em Pessoa, que tem forte retomada em todos os principais heterônimos. Esses críticos se baseiam no argumento de que a infância reportada em muitos poemas parece ser muitas vezes a mesma, a do indivíduo nascido no Largo de São Carlos, n. 4, às 3 horas da tarde.

Por esse ângulo, o rei estaria nu. A despeito das decorrências temerárias da afirmação, notemos que o que há de especialmente atraente na tentativa de se buscar uma unidade para a poesia de Pessoa é o exercício de descircunstancialização que ela exige. Para se afirmar que existe algo que entrelace seus diferentes domínios num

---

16. *Poesia – Álvaro de Campos*, op. cit., p. 290.
17. Fernando Pessoa, *Correspondência – 1905-1922*, op. cit., p.118.

núcleo comum, é preciso que se pense essa poesia com independência, livre das preceptivas traçadas no escopo do jogo heteronímico.

4) Mas afirmar uma *unidade* na poesia também não significa buscar na decifração de um Pessoa sem máscara a velha *sinceridade*, um comprometimento ingênuo do texto com aquilo que se passou num momento anterior à escrita? O problema aqui parece ser a aproximação exagerada entre os universos ficcional e real, ou a identificação do autor com o indivíduo. Essa aproximação impede que pensemos a unidade do texto de outro modo que não com base na sua origem. A ideia de unidade, uma vez discutida a partir da escrita, deixa de ser um problema em si mesmo, porque em vez de ser pautada na origem do texto, volta-se para o seu destino. Isso implica deixarmos de lado a curiosidade antropológica sobre a natureza das vozes nos poemas (que poderão ou não coincidir com experiências pessoais) e passarmos a pensar sobre o produto dessas escritas, isto é, sobre os diferentes sentidos que se arranjam nesse novo escopo. Essa voz em surdina, que se pode surpreender nos poemas situados em diferentes instâncias da obra, não é a voz da pessoa (de Pessoa) da enunciação, afinal, mas de um sujeito da linguagem, conformado na própria escrita, que percorre livremente a obra com seu tom meditativo, metalinguístico e silente. Essas secretas confidências só podem ser assim encaradas por serem um traço de estilo, desobediente à compartimentação da escrita em Caeiro, Campos, Reis, Pessoa etc. Indisciplinado em sua natureza abissal, tal traço revela, no próprio jogo heteronímico, o mecanismo do jogo, ou, melhor dizendo, do jogo da escrita.

II. O SUJEITO PLASMADO EM LINGUAGEM

O que ocorre em 1914, quando "Chuva Oblíqua" passa a compor o conjunto da obra de Pessoa? Fundamentalmente, o surgimento de um novo sujeito da linguagem, isto é, de uma nova escrita, que, embora, pela leitura retrospectiva de poemas anteriores, tivesse deixado indícios aqui e ali (em "Mar. Manhã", "Análise" e "Ó naus felizes que do mar vago"), se configura, de fato, em "Chuva Oblíqua". Não com outro propósito afirmativo, José Gil entenderá "Chuva Oblíqua" como o poema que desata "o ato inaugural da escrita heteronímica".[18] Lembrando que é só a partir de 1914 que Pessoa poderá declarar que não há evolução em sua poesia – "não evoluo: viajo" –, Gil entende que, ao escrever "Chuva Oblíqua", o que de fato Pessoa produz é (para dizer como Jorge de Sena já o fizera há mais de meio século) um outro heterônimo mascarado de ortônimo. Sena dizia a Pessoa, postumamente, e entre parênteses: "(e V., quando escreveu em seu próprio nome, não foi menos heterónimo do que qualquer deles)".[19] Esses parênteses têm uma importância seminal na leitura crítica de Sena sobre Pessoa, posteriormente desenvolvida em muitos ensaios, e foram sabiamente assimilados pela crítica subsequente, que passou a conferir ao trecho sua devida importância. Tratava-se, por certo, de um heterônimo que, afinal, como já destacou Óscar Lopes, não foi levado à pia de batismo.[20] Mas por que falar em "inauguração", se os poemas-Caeiro são, tal como

---

18. José Gil, *Diferença e negação na poesia de Fernando Pessoa*, Rio de Janeiro, Relume Dumará, 2000, p. 59.

19. Jorge de Sena, "Carta a Fernando Pessoa" [1944], in *Fernando Pessoa & Cª Heterônima* – Estudos coligidos, 1940-1978, 3ª ed., (organização de Mécia de Sena), Lisboa, Edições 70, 2000, p. 20.

20. Cf. Óscar Lopes, op. cit.

Pessoa afirma na carta, aqui mencionada, a Casais Monteiro, imediatamente anteriores a "Chuva Oblíqua"? Voltaremos a isso mais adiante.

A vantagem desse ponto de vista é que ele tanto chama a atenção para a novidade do poema interseccionista, quanto funciona como uma interpretação consistente da máscara que engendra o declarado "retorno a si" de Pessoa, após a escrita dos poemas d'"O Guardador de Rebanhos". O seu ponto fraco é que essa é uma visão que complementa o jogo heteronímico. Se afirmarmos o nascimento de um outro heterônimo no ortônimo, consideraremos também, e por decorrência, que, para se tratar adequadamente de "Chuva Oblíqua", há a necessidade de se recorrer ao prestígio de uma *autoria*. Se agirmos dessa forma, reforçaremos, por fim, o reinado do autor sobre o texto. Eis o ponto crítico desta reflexão.

Não será possível conceber um texto sem que se conceba sua autoria?

Não seria "Chuva Oblíqua", em síntese, um texto sem autoria, um poema que promove o apagamento dessa instância anterior a si, ao se configurar, ele mesmo, como texto fundador? Entendamos que a escrita do poema tem uma característica fundadora, justamente por descentralizar a imagem dessa literatura da imagem de seu autor.

Para entender como isso se dá enquanto processo poético, partamos da constatação de um procedimento que se repete.

Em todas as partes de "Chuva Oblíqua", verifica-se uma bipolaridade entre duas paisagens distintas. De um lado, as árvores ao sol (I), a igreja (II), o papel em que se escreve (III), o quarto (IV), a feira com o *carroussel* (V), e a música que se ouve no teatro (VI). Do outro, um porto com grandes navios (I), a chuva (II), a Grande Esfinge do

Egito (III), o lado de fora do quarto, onde é Primavera (IV), as árvores (V), e a infância (VI). É possível distinguir essas diferentes paisagens, ainda que, desde o início dos textos, elas já se apresentem conectadas. Seja pela intromissão de um passado no ato perceptivo, seja pela entrega ao devaneio, a escrita desaloja as sensações de um *agora* exterior ao eu lírico e o reporta para uma outra paisagem, que, em geral,[21] é por ele evocada. Subitamente, essas duas paisagens se fundem, de modo a anular a referência exterior. São ambas interiorizadas nesse processo, e a distinção temporal (entre presente e passado) e espacial (entre dentro e fora) é perdida. A percepção cola-se ao devaneio e aquilo que se descreve é já uma terceira paisagem, desordenada e ilógica. Em alguns momentos, a escrita lembrará um registro surrealista *avant la lettre* nessa fase final do processo. Assim, lemos: (I) "Súbito toda a água do mar do porto é transparente / E vejo no fundo, como uma estampa enorme que lá estivesse desdobrada, / Esta paisagem toda, renque de árvores, estrada a arder em aquele porto,"; (II) "Até só se ouvir a voz do padre água perder-se ao longe / Com o som de rodas de automóvel..."; (III) "E sobre o papel onde escrevo, entre ele e a pena que escreve / Jaz o cadáver do Rei Quéops, olhando-me com os olhos muito abertos, / E entre os nossos olhares que se cruzam corre o Nilo"; (IV) "E num canto do teto, muito mais longe do que ele está, / Abrem mãos brancas janelas secretas / E há ramos de violetas caindo / De haver uma noite de primavera lá fora / Sobre o eu estar de olhos fechados..."; (V) "E, misturado, o pó das duas realidades cai / Sobre as minhas mãos cheias de desenhos

21. Digo "em geral" porque, no poema II, as duas paisagens também podem ser lidas como exteriores ao sujeito da linguagem.

de portos / Com grandes naus que se vão e não pensam em voltar...”; (VI) “E do alto dum cavalo azul, o maestro, jockey amarelo tornando-se preto / Agradece, pousando a batuta em cima da fuga dum muro, / E curva-se, sorrindo, com uma bola branca em cima da cabeça, / Bola branca que lhe desaparece pelas costas abaixo...”. As coisas, em suma, vestem-se de outras, perdem suas linhas de demarcação.

O que se percebe em comum nesses trechos é um processo de dissolução da percepção clara, através da sobreposição dos elementos constituintes dos universos de duas realidades (exterior e interior), implicando a perda da referência espaçotemporal: “De repente alguém sacode esta hora dupla como numa peneira”. No poema III, o eu lírico escreve, não no presente, tampouco no passado, mas num presente do passado: “De repente paro... / Escureceu tudo... Caio por um abismo feito de tempo... / Estou soterrado sob as pirâmides a escrever versos à luz clara deste candeeiro / E todo o Egito me esmaga de alto através dos traços que faço com a pena...” Sem um referente temporal preciso no poema, e com um espaço exterior que também é já um fluxo móvel de paisagens intercambiáveis, dissolve-se a unidade individual do eu lírico, que é fracionado à medida que sua percepção deixa de se respaldar em parâmetros racionais. Assim, a sua alma ganhará um outro lado, como se o interior tivesse ainda um outro interior: “Liberto em duplo, abandonei-me da paisagem abaixo...”, “Não sei quem me sonho”, “[a sombra duma nau mais antiga] chega ao pé de mim, e entra por mim dentro, / E passa para o outro lado da minha alma...”. É como se a bipolaridade constituinte do poema, prevista em sua estrutura particular, fosse introjetada no sujeito da linguagem. Passa a existir, portanto, um espaço intersticial nesse sujeito, aberto por essa diagonal, e provavelmente não mais restaurado: um "entre mim e o que eu penso".

Na medida em que se coloca em questão a identidade do sujeito da linguagem, surge no poema um espaço da escrita que parece gerar processos de linguagem independentes do eu lírico. No poema III, o sujeito do primeiro verso não é o eu lírico das partes anteriores; ali, quem fará esse papel é a "Grande Esfinge do Egito". É ela que sonha pelo papel: "A Grande Esfinge do Egito sonha por este papel dentro...". Isso significa que a imagem que tomamos como evocada não é objeto de evocação, mas o próprio sujeito da linguagem. Note-se que o que escreve não é um *alguém*, mas uma mão transparente que deixa transparecer a Esfinge através de si. Não há consistência orgânica na prática dessa escrita. Mais adiante, o sujeito da escrita passa a ser, não essa mão transparente, que já carrega em si algo do automatismo surrealista (a escrita concentra-se na mão, não na mente), mas a própria "pena": "E sobre o papel onde escrevo, entre ele e a pena que escreve (...)". Aqui, é efetivamente a linguagem que fala, não seu autor. Essa escrita destitui o autor do centro do processo criativo, porque lhe relega o papel de instrumento de sua realidade inconsciente, sobre a qual não exerce controle.

Note-se que essa descentralização do sujeito da escrita exige uma noção mais profunda da heteronímia. Uma vez desconfigurada como disposição mental de seu autor, ou conjunto de eleições de perfis, a heteronímia pode ser entendida não só como uma maneira de prolongar o ato criador, mas, sobretudo, como a forma de existência dessa poesia. Isso porque, se a entendemos dessa maneira, ela deixa de ser um apelo original ao prestígio de um autor hipotético, de uma imagem criadora anterior à escrita, e passa a significar um estado de concreção poética, a qual é feita das intertextualidades internas dessas escritas.

Do ponto de vista crítico, decorre daí uma enorme inversão de perspectiva, porque implica pensar que Pessoa não antecede seus poemas, que não é um autor que os alimenta de características individuais independentes da escrita. Plasmado em linguagem, não é mais voz que se expressa, mas *autor* apenas quando presente no momento da enunciação. O que se verifica, portanto, na recorrência de uma escrita em diferentes domínios dessa poesia, não é uma voz una, porque uma "voz" é sempre a fala de alguém, de um autor hipotético, ao qual poderíamos fornecer uma biografia, psicologia etc. O que se nota é um espaço sem identificação, um espaço de elocução em que sensações e sentimentos variados produzem para o leitor um sujeito da linguagem, um sujeito sem corpo, constituído por traços de estilo que parecem ser os mesmos em diferentes momentos dessa poesia. Esse espaço se concretiza, em última instância, como o lugar da escrita pessoana a partir de 1914:

> Vivem em nós inúmeros;
> Se penso ou sinto, ignoro
> Quem é que pensa ou sente.
> Sou somente o lugar
> Onde se pensa ou sente.
>
> Tenho mais almas que uma.
> Há mais eus do que eu mesmo.
> Existo todavia
> Indiferente a todos.
> Faço-os calar: eu falo.

Os impulsos cruzados
Do que sinto ou não sinto
Disputam em quem sou.
Ignoro-os. Nada ditam
A quem me sei: eu escrevo.[22]

III. EU SOU A TELA

Em "Chuva Oblíqua", portanto, do fracionamento do eu sensível dos poemas decorre a dissolução da *autoria* e a afirmação de um estado de escrita, a transformação de um sujeito sensitivo em, note-se bem, lugar das sensações. O que vale frisar é que, ao engendrar uma escrita fundadora, "Chuva Oblíqua" se revela o poema de uma realeza destituída, rasurada, um poema que rejeita filiação por converter-se, ele mesmo, em matriz. Pela sua natureza autoral, a sua dignidade é, pois, profundamente paradoxal. E não será outra a condição primeira para a escrita heteronímica, que, de resto, é temática retomada em todas as instâncias dessa poesia: "Não sou eu quem descrevo. Eu sou a tela / E oculta mão colora alguém em mim".[23] É assim em muitos poemas posteriores do ortônimo:

Emissário de um rei desconhecido,
Eu cumpro informes instruções de além,
E as bruscas frases que aos meus lábios vêm
Soam-me a um outro e anómalo sentido...[24]

---

22. *Poesia – Ricardo Reis*, op. cit., p. 139-140.

23. Poema XI de "Passos da Cruz". In: Fernando Pessoa, *Poesia – 1902-1917* (edição de Manuela Parreira da Silva, Ana Maria Freitas e Madalena Dine), São Paulo, Companhia das Letras, 2006, p. 396.

24. Poema XIII. Ibid., p. 397.

Na verdade, o que acontecerá a partir de então é que Pessoa sofrerá as consequências do poema. Sua escrita engendrará o fracionamento do sujeito da linguagem, a metalinguagem, bem como uma série de aporias típicas de "Chuva Oblíqua", aspectos que constituirão o núcleo da escrita heteronímica.

Essa afirmação de um lugar da escrita não é, portanto, apenas comum nos poemas assinados como "Fernando Pessoa". Em "Reis" ela também se repete:

> Severo narro. Quanto sinto penso.
> Palavras são ideias.
> Múrmuro, o rio passa, e o som não passa,
> Que é nosso, não do rio.
> Assim quisera o verso: meu e alheio
> E por mim mesmo lido.[25]

Em "Campos", numa passagem muito próxima àquela da Grande Esfinge, do poema III de "Chuva Oblíqua", lemos:

> Às vezes tenho ideias felizes,
> Ideias subitamente felizes, em ideias
> E nas palavras em que naturalmente se
> [despejam...
> Depois de escrever, leio...
> Por que escrevi isto?
> Onde fui buscar isto?
> De onde me veio isto? Isto é melhor do que
> [eu...

25. *Poesia – Ricardo Reis*, op. cit., p. 128.

Seremos nós neste mundo apenas canetas
[com tinta
Com que alguém escreve a valer o que nós
[aqui traçamos?[26]

Mas, ao contrário do que se verifica tanto no ortônimo, quanto em "Reis" e em "Campos", esse espaço da escrita não existe nos poemas-Caeiro. Ali é sempre, sem exceção, a voz de um eu lírico que se afirma, como condutor absoluto da escrita. Daí a forte presença do pronome possessivo, "meu(s) versos", do pessoal do caso reto, "o que *eu* escrevo", ou do oblíquo, "os que *me* lerem", sempre em primeira pessoa:

I

Não tenho ambições nem desejos.
Ser poeta não é uma ambição minha.
É a minha maneira de estar sozinho.
(...)
Saúdo todos os que me lerem,

XIV

Não me importo com as rimas. Raras vezes
Há duas árvores iguais, uma ao lado da
[outra.
Penso e escrevo como as flores têm cor
Mas com menos perfeição no meu modo de
[exprimir-me
Porque me falta a simplicidade divina
De ser todo só o meu exterior

26. *Poesia – Álvaro de Campos*, op. cit., p. 482.

XXVIII

Por mim, escrevo a prosa dos meus versos
E fico contente,

XXIX

Nem sempre sou igual no que digo e escrevo.
Mudo, mas não mudo muito.

XLVI

Procuro dizer o que sinto
Sem pensar em que o sinto.
Procuro encostar as palavras à ideia
E não precisar dum corredor
Do pensamento para as palavras.
(...)
E assim escrevo, querendo sentir a Natureza,
[nem sequer como um homem,
Mas como quem sente a Natureza, e mais
[nada.

XLVIII

Da mais alta janela da minha casa
Com um lenço branco digo adeus
Aos meus versos que partem para a
[humanidade.

Caeiro é sempre um sujeito lírico que se expressa.

O que significará essa completa ausência em Caeiro de um espaço de escrita que suplanta a afirmação autoral? A resposta mais óbvia é que Caeiro foi designado por Pessoa como *mestre*, a instância autoral seminal da obra. E, portanto, ele deve se afirmar como tal. Caeiro é mestre, sobretudo, por representar esse papel.

Mas, a essa altura, já podemos compreender essa designação como circunstanciada numa esfera que não vai muito além do fabular nessa obra. Como vimos em "Chuva Oblíqua", o agente multiplicador da perspectiva e fracionador da consciência, do espaço e do tempo, na poesia de Pessoa, é a escrita sem condutor.[27] Os poemas--Caeiro não engendram esse espaço porque eles são uma voz, são enunciados atrelados à imagem fictícia de um enunciador que é dono dos enunciados. Em oposição a esse traço, nas demais instâncias da poesia de Pessoa, a certa altura, como vimos, a autoafirmação do eu lírico como sujeito enunciador é invertida.

Se pensarmos exclusivamente no desenvolvimento da escrita de Pessoa, de um estágio pré-heteronímico para um estágio heteronímico, sinto-me inclinado a afirmar aqui o contrário do que Pessoa declarou na carta sobre a gênese dos heterônimos: que, textualmente considerado, é "Chuva Oblíqua" que heteronimiza a obra, e que, portanto, ele é um poema anterior aos poemas-Caeiro. Não pretendo, com isso, polemizar a respeito de seu aparecimento cronológico, mas adotar um procedimento de leitura. Mais precisamente, é ali que, no poema III, uma "mão enorme varre" todo o passado da escrita de Pessoa para um canto esquecido, atrás de si, e (note-se a "paisagem") sobre o *papel* em que escreve "jaz o cadáver do Rei Quéops".

É sobre o papel – é na escrita, portanto – que desaparece o mediador, o rei enunciador, e surge a capacidade

27. Expressão que substituo ao que José Gil chamou de "puro ato de escrever". Cf. José Gil, *Diferença e negação na poesia de Fernando Pessoa*, op. cit, p. 60.

irrefreável de enunciar de diferentes modos. Nesse ponto, o diálogo com o texto de J. Gil é esclarecedor:

> (...) ou seja, é sobre o que se interpõe e medeia a superfície da inscrição e a pena que inscreve, que uma nova escrita se torna possível – sobre um mediador morto, mediador do novo, do recém-nascido. Cheops morre deslizando entre o papel e a pena, indicando que já não constitui um obstáculo, ele que surge em perfil no bico de pena.[28]

Como mecanismo de pensamento e escrita, é a partir do poema III de "Chuva Oblíqua" que se desencadeia o processo heteronímico. Não por acaso, com exceção concedida a "Reis", Pessoa cogitará atribuir a *autoria* do poema a todos os seus principais heterônimos. *Grosso modo*, quando bate o martelo em sua própria assinatura, Pessoa (heteronimizado) funda o ortônimo.[29] Agora fica claro que Pessoa não precisava, enfim, conferir *autoria* a uma escrita que, por princípio, rejeita qualquer autoria. E, ainda, que seria uma contradição referi-la a uma outra

---

28. Ibidem, p. 59.

29. Afirmando isso, procuro superar uma série de leituras e de apagamentos que não depreendem o sentido profundo dessas diferentes atribuições de autoria, e que têm por eixo a seguinte colocação: "Pouco importa que, tempos depois, quando, juntamente a Alberto Caeiro, aparecer no coro interno de Fernando Pessoa o whitmaniano Álvaro de Campos, ele considere por um momento atribuir-lhe a paternidade de "Chuva Oblíqua"; ou que projete incluir o poema interseccionista no *Livro do Desassossego*, transferindo-lhe a paternidade a Bernardo Soares. (...) Naquele período, o que ocupava Pessoa era o problema da "sinceridade". E, nesse sentido, o que ele condenava não era "Chuva Oblíqua" em si, mas o movimento que o sucedeu, o prolongamento mundano e vanguardístico." [Tradução minha.]. Cf. Luciana Stegagno Picchio, "Chuva Oblíqua: dall'Infinito turbolento di F. Pessoa all'Intersezionismo portoguese", in *Quaderni Portoguesi*, n. 2, Pisa, Outono 1977, pp. 51-52.

"personalidade criadora", como pode sugerir a interpretação de Gil: "Assim nasce o novo heterônimo, Fernando Pessoa, aquele cujas distâncias temporais vão alimentar constantemente o pensamento poético".[30] Eu modalizaria essa afirmação, partilhando da constatação seniana de que o ortônimo nada mais é do que um outro heterônimo (na medida em que ele é fruto de um processo de heteronimização, tal como referi), mas acrescentando que é essa mesma assinatura, sem o arcabouço ficcional que está por trás das demais, que melhor condiz com a criação do mecanismo de escrita que passará a operar daí em diante. É Pessoa escrevendo um texto muito diferente de si, do que escrevera até 1913, porque, afinal de contas, esse sujeito não dirá a nova escrita, será dito por ela – e daí os poemas-Caeiro não engendrarem, em si mesmos, um processo de heteronimização.

O *sistema poetodramático*, para falar como Seabra, não se entrevê em Caeiro, não está em Caeiro. E, de fato, será apenas em 1935 que Pessoa traçará uma sequência ao seu processo de criação no 8 de março de 1914. Se dermos crédito a ele, em vez de afirmar, como fiz há pouco, a anterioridade de "Chuva Oblíqua" a "O Guardador de Rebanhos" como dispositivo de escrita e, por decorrência, de cisão da consciência e do tempo, bastará inverter os termos dessa formulação, sem, contudo, alterar o seu sentido: é a (suposta) tentativa de "regresso" a um "eu" que foi deixado para trás, a qual podemos datar (1908-1913), o que põe em marcha o sistema poetodramático. Assim, afirmará José Gil: "Fernando Pessoa tem agora a capacidade de se multiplicar, de opor de mil maneiras o seu Eu presente ao seu Eu passado-presente, ou o seu

30. Op. cit., p. 59.

pensamento às suas sensações. Quer dizer, possui o poder de devir, de deixar de ser ele para se tornar outro".[31] Mas nada impede que nos apoiemos nos testemunhos antropológicos que Pessoa nos deu com duas décadas de atraso à escrita do poema, na carta sobre a gênese dos heterônimos, ou que, sob a assinatura "Álvaro de Campos", nos forneceu nas "Notas para a Recordação do Meu Mestre Caeiro", algumas delas publicadas na revista *Presença*, em 1931: "Mas o Fernando Pessoa era incapaz de arrancar aqueles extraordinários poemas do seu mundo interior se não tivesse conhecido Caeiro. Mas, momentos depois de conhecer Caeiro, sofreu o abalo espiritual que produziu esses poemas".[32] Caeiro é a construção autoral mais pungente dessa obra. Ele surge como uma necessidade de fabular, após a revelação magistral de "Chuva Oblíqua", um ente gerador, um mestre ficcional a quem se pudesse atribuir o processo já iniciado.

Embora não se associe claramente a nada produzido anteriormente,[33] "Chuva Oblíqua" não se apresenta sob a mediação de uma "personalidade criadora", como, afinal, acontece com os "trinta e tantos poemas" (na verdade, 49) de "O Guardador de Rebanhos", ou com a "Ode Triunfal", por exemplo. Não há um suposto *alguém*, como Caeiro ou Campos, que aponte seus holofotes de ficção sobre

---

31. Ibid., p. 60.

32. Fernando Pessoa, *Poemas completos de Alberto Caeiro* (edição de Teresa Sobral Cunha), Lisboa, Presença, 1994, pp. 161-162.

33. "A atestá-lo está toda a poesia de Fernando Pessoa ortônimo de 1908 a 1913, em que a singularidade (heteronímica) do poeta está longe de se encontrar estabelecida: nem clivagens do Eu (...), nem centração da paisagem no espaço interior, nem oposições fortes entre sensação e pensamento, ou entre presente e passado – tudo o que marcará o regime poético depois de 1914". In: José Gil, op. cit., pp. 59-60.

o poema; trata-se, pois, de um deceptivo "mesmo" Fernando Pessoa, só que transformado. E não será função da crítica armar esses holofotes. Em contraponto com Caeiro, a novidade do poema surge, afinal, como um ente desalojado; é essa sua forma de apresentação. E é preservando sua orfandade que, conforme procurei mostrar, tiramos maior significado desse poema seminal: um texto que, ao apagar sua própria autoria, retraça o percurso de uma obra.

Autor, autoria e autoridade:

Argumentação e ideologia em Roland Barthes

Passemos à discussão de um dos marcos teóricos do século XX, um dos textos mais influentes a respeito da *autoria* da obra literária. Trata-se do símbolo de uma época em que a teoria da literatura buscou, como em nenhuma outra, afirmar-se como uma *ciência do texto*, excluindo de seus interesses tudo aquilo que não considerasse próprio da linguagem – um largo espectro que compreende e destaca a figura do autor. Esse pequeno artigo, "A morte do autor" (1968), pode ser lido como um manifesto, e sua enorme repercussão se deve em parte a isso, em parte à chancela de seu autor, Roland Barthes, um dos intelectuais de maior notoriedade na segunda metade do século passado.

A expressão "a morte do autor" é hoje um símbolo da crítica estruturalista. Dentre os textos sobre o conceito de autoria, o de Barthes foi aquele que mais radicalmente procurou banir o autor das abordagens literárias, sem, no entanto, e ironicamente, ter se libertado da própria autoria: é justamente Barthes, afinal, com sua magnética presença autoral, um de seus propulsores e constituidores de sentido. Esse é o índice de utopia de sua tese; aquilo que, afinal, abre uma fissura para a investigação de suas bases. Bloom desvia do problema nos seguintes termos:

Era moda, até pouco tempo atrás, falar da "morte do autor", mas essa noção também já virou lixo. O gênio morto está mais vivo do que nós, assim como Falstaff e Hamlet estão bem mais vivos do que muita gente que conheço. A vitalidade é a medida do gênio literário. Lemos em busca de mais vida, e só o gênio é capaz de nos prover de mais vida.[1]

Passadas quase cinco décadas, aprendemos que ler um texto de acordo com seu autor é uma atitude acrítica, falaciosa do ponto de vista da lógica do texto, mas essa restrição não nos indispõe contra sua figura. O autor não só continua vivo, como o consideramos ponto referencial em nossa cultura, e um dos temas mais controversos entre os estudos literários contemporâneos. Por isso, vale a pena retornar aos termos específicos daquele texto e procurar compreender suas motivações, estratégias e o legado que deixou para a teoria literária contemporânea.

I. A ARGUMENTAÇÃO

A tese de que o autor está fora do espaço textual é, antes, o apelo por um novo modo de encarar a escrita: como um campo neutro, responsável pela dissolução do sujeito, perda da identidade e destruição de toda a voz. Para argumentar em favor dessa hipótese, Barthes parte da citação de um trecho da novela de Balzac, *Sarrasine*, a respeito da qual realizaria, pouco depois, em *S/Z* (1970), um impressionante exercício de dissecação crítica. Segundo a narrativa balzaquiana, em meados do séc. XVIII, Sarrasine, um escultor francês, apaixona-se por La Zambinella, uma cantora italiana, cuja beleza compara às obras

1. Harold Bloom, *Gênio* – os 100 autores mais criativos da história da literatura. (tradução de José Roberto O´Shea), Rio de Janeiro, Objetiva, 2003, p.27.

da Grécia antiga. Ao encontrar a *prima donna*, Sarrasine descobre tratar-se, na verdade, de um *castrato*. Do constrangimento inicial, Sarrasine sacraliza sua musa, cuja beleza clássica e ideal atribui, justamente, ao fato de se tratar de uma hermafrodita. Em "A morte do autor", Barthes parte da seguinte passagem da novela de Balzac: "Era a mulher, com seus medos repentinos, seus caprichos sem razão, suas perturbações instintivas, suas audácias sem causa, suas bravatas e sua deliciosa finura de sentimentos". O crítico dirige, então, uma série de perguntas retóricas ao texto:

> Quem fala assim? É o herói da novela, interessado em ignorar o castrado que se esconde sob a mulher? É o indivíduo Balzac, dotado, por sua experiência pessoal, de uma filosofia da mulher? É o autor Balzac, professando ideias "literárias" sobre a mulher? É a sabedoria universal? A psicologia romântica?[2]

Diante da constatação de que é impossível identificar o sujeito da enunciação, Barthes conclui que "a escritura é a destruição de toda a voz".

Retomemos, agora, o trecho citado de Balzac. Ali, qual é a imagem que se produz da mulher?

Primeiramente, trata-se não mais do que um lugar-comum que a traduz como ser eminentemente instintivo e sensível. O tom empregado no trecho é revelador de uma posição com relação a ela: há a enumeração de cinco características definidoras (seus "medos", "caprichos", "perturbações", "audácias" e "bravatas" são considerados defeitos, porque interpretados como manifestações injustificáveis, daí os qualificativos "repentinos", "sem razão", "instintivas" e "sem causa"), ao passo que,

2. Roland Barthes, "A morte do autor", in *O rumor da língua*, op. cit., p. 65.

como aparente traço positivo, oferece-se apenas a "deliciosa finura de sentimentos". Notemos: sucedendo a enumeração negativa, o adjetivo "deliciosa" atua sobre o período como uma antífrase, isto é, um elemento da retórica segundo o qual se emprega uma palavra com sentido oposto ao pretendido. À luz do que vem antes, a expressão "finura dos sentimentos" é evidentemente irônica.

No entanto, e segundo o próprio Barthes, se a fala no trecho citado é do narrador, sua autoria é apenas suposta, já que é bem possível que ela atue no campo linguístico do elocutor como uma presença estranha, uma zona de influência da fala de outra personagem ou talvez do próprio autor, entre outras possibilidades. Numa expressão, o narrador pode ter adotado em sua fala uma perspectiva alheia.

Aventemos uma possibilidade de focalização: a de um uso bastante consciente e crítico da expressão "finura de sentimentos". Ela revelaria uma zombaria do qualificativo normalmente atribuído à mulher. A frase encerraria uma apropriação irônica desse lugar-comum, posto que desdenharia dele ao mesmo tempo que o trataria como atributo. Assim, o início da passagem, "era a mulher", não significaria "era verdadeiramente uma mulher", se "verdadeiramente" for entendido como "uma mulher considerada integralmente, em sua profundidade psicológica", e sim algo similar a "era como as demais mulheres" – que sofrem, portanto, a estigmatização do autor. Mas se pensarmos, por exemplo, que a focalização se dirige para o herói da novela, segundo outra hipótese do próprio Barthes, seu sentido seria completamente diverso em relação a este.

Esse exercício de atribuições poderia se estender longamente, na medida em que dá asas à imaginação a partir das sugestões colhidas de Barthes. Mas o que ele revela é que a impossibilidade de fixar uma atribuição autoral (afirmar "é desse modo, e não daquele") não elimina a necessidade de definição de uma autoria para se compreender o sentido do texto; bem ao contrário, a interpretação a reclama.

Quem fala assim? Ora, o trecho conforma, de um modo ou de outro, uma imagem autoral. Sua definição está diretamente associada à compreensão do texto. Cogitar que a referida fala represente a visão do próprio autor é uma possibilidade legítima e constatável, sem que seja preciso, para se chegar a essa conclusão, recorrer a nada que esteja fora do espaço textual. Dizer algo do gênero "Balzac quis dizer que..." é uma atribuição que pode ser baseada em indícios textuais e que oferece um vetor interpretativo para o texto. De modo análogo, para compreender o artigo de Barthes, nós não deveríamos nos perguntar "o que Barthes quis dizer com isso?" Essa é uma pergunta implícita nas hipóteses lançadas, nos argumentos, nas deduções e nos exemplos, tal como acontece em "A morte do autor".

O problema parece estar no alcance e na acepção que se confere ao autor quando a pergunta é feita. Ao indagarmos a respeito do que Balzac pensava, isso é feito sempre sob a perspectiva do texto. Balzac não é o indivíduo anterior ao texto, mas seu emissor, o sujeito que apenas existe atrelado a *Sarrasine*. Caso contrário, se o considerássemos como anterior à novela, teríamos de supor absurdamente que Balzac é um indivíduo que jamais mudaria de opinião, com plena convicção de suas posições, e que *Sarrasine* já era um produto acabado, tal como o conhecemos, em sua mente. Há muitos Balzacs. Aquele ao qual dirigimos uma pergunta é a imagem autoral produzida por *Sarrasine*, o emissor de suas falas, alguém que só existe – e que só pode existir – em conjunto com elas.

Mediante essa ponderação – de filiação, aliás, barthesiana –, podemos afirmar que a interpretação do trecho citado é uma tentativa de responder à seguinte pergunta: o autor procurou produzir sobre o leitor determinado efeito ao denunciar uma visão irônica e machista do sexo feminino ou será esta realmente a sua visão? Se for esta a sua visão, a mulher é o alvo de sua crítica e o castrado tornou-se, a seu ver, de fato mulher. Mas a crítica à mulher abre a possibilidade de se criticar o crítico. Sendo assim, não seria mais o sexo feminino o alvo, e sim o sujeito que o julga de determinado modo. Consequentemente, o castrado não seria mais que a reprodução do estereótipo feminino.

Estamos diante de leituras opostas (e haverá outras), uma direta, a outra enviesada, numa espécie de dilema interpretativo. E essas duas interpretações estão circunscritas na pergunta: qual a perspectiva adotada por Balzac? Ou ainda: quem é o Balzac que fala?

Essa não é, certamente, uma curiosidade psicológica. Só é possível compreender o trecho respondendo a essa pergunta.

Do contrário, se o autor está morto, o sentido está morto.

II. QUEM É O AUTOR?

Na acepção que acabou de ser empregada, descobrir o significado é o mesmo que descobrir a intenção – a intenção entendida como um projeto de texto não premeditado, isto é, que vai se formulando e alterando simultaneamente à atividade de escrita. Um projeto que se altera, na medida em que o ser humano não pode permanecer o mesmo, indiferente à passagem do tempo, à interferência das circunstâncias e à metamorfose das ideias, que, afinal, é a metamorfose do mundo que o rodeia e o constitui enquanto autor e leitor de seu próprio texto. Uma intenção, portanto, que se ajusta à escrita tanto quanto a escrita se ajusta a ela, porque se altera, conjuntamente, o grau de envolvimento do escritor com sua criação, sob influência de tudo o que sente (e sentiu), imagina (e imaginou), conhece (e conheceu), deseja (e desejou). A intenção sofre a ação do texto na mesma medida em que atua sobre ele.

Recusar que a escrita seja uma prática guiada por um propósito, e que esse propósito tenha um peso na sua recepção, é isolar o texto do mundo, negar a literatura como fonte de conhecimento de si e do outro, de troca de experiências e de aproximação das diferenças. Sem intencionalidade, escritor e leitor são seres isolados de tudo aquilo que não diz respeito a si mesmos. Isolados, inclusive, da linguagem. O texto, à luz dessas considerações, é convertido em fetiche: objetual, vazio e distante.

Mas não é esta, a princípio, a acepção que Barthes confere ao autor, e o que se discutiu até aqui é, em boa parte, aquilo que ele deixa de fazer. É preciso, é claro, considerar sobre que contexto atua a sua tese, ou, em outras palavras, que conotações carrega o conceito de autoria em seu texto.

O crítico trata o autor como uma "personagem moderna", o que significa que ele é um produto da cultura recente: "ao sair da Idade Média, com o empirismo inglês, o racionalismo francês e a fé pessoal da Reforma, ela (a nossa sociedade) descobriu o prestígio do indivíduo ou, como se costuma dizer mais nobremente, da 'pessoa humana"'[3]. Essa formulação revela um posicionamento ideológico. Por um lado, historicizar o autor significa relativizar seu papel na história da cultura, enfraquecer seu teor de verdade e submetê-lo ao regime de oscilação das circunstâncias. Por outro, lembremos que o termo "moderno" é tomado como sinônimo de "positivista", e este, por sua vez, compreendido como sendo "resumo e ponto de chegada da ideologia capitalista".

Eis os pomos da discórdia que se alojam nessa tese. Prestar atenção a eles ajuda a esclarecer algo importante: ao rejeitar o autor, Barthes ataca, numa expressão, a mentalidade burguesa moderna.

A partir desse ponto, para que se entenda o que representa a recente tentativa de exclusão do autor do universo de sentido do texto, talvez seja necessária uma pequena digressão para se considerar o que representa o surgimento do autor do ponto de vista da escritura.

Lembremos que a figura do autor se fortalece à medida que a ideia clássica de gênero se enfraquece na tradição literária. As noções antes vigentes, de *unidade de tom* e *pureza estética*, revogavam a separação absoluta entre os diferentes tipos de texto, tal como realizado no Livro III da *República*, de Platão, mais empiricamente na *Poética*, de Aristóteles, e na *Epistola ad Pisones*, de Horácio, que é o texto que talvez mais tenha influenciado a poética e a retórica dos séculos XVI ao XVII. Ali, o poeta formula a divisa que sintetiza a concepção de gênero: "singula quaeque locum teneant sortita decentem" (que cada assunto ocupe o seu devido lugar).

O enfraquecimento dessa mentalidade não é, em sua origem, um produto do romantismo. Já no barroco espa-

3. Ibid, p. 66.

nhol, o surgimento de autores como Lope de Vega e Calderón de la Barca é simultâneo ao de um novo gênero, misto e, portanto, "impuro" – a tragicomédia. A substituição da *estética do gênero* pela *estética do gênio*, por assim dizer, ocorre com mais nitidez no século XVIII. É esse o momento em que afloram os lugares-comuns românticos em torno da concepção de literatura, que passa a ser progressivamente encarada menos como trabalho ou aplicação de uma técnica, e mais como irrupção da interioridade do poeta (com o *Sturm und Drang*, na Alemanha).

Estamos no terreno mais que conhecido da historiografia literária, e antes que o leitor se aborreça com seu caráter inevitavelmente generalizante, atentemos para o que ele nos esclarece: se a "verdade do texto" passa a ser identificada no indivíduo que o escreve, a concepção de gênero é historicizada, o que significa dizer que ele se torna passível de evolução, e com isso nega-se seu caráter supostamente estático e normativo.

É nesse sentido que, no prefácio à *Estética*, de Hegel, Lukács lê os gêneros como determinados pelas necessidades das sociedades. Já na *Correspondência*, entre Goethe e Schiller, acompanha-se a transição da ideia de pureza para a de hibridismo. De resto, esse conceito é a pedra de toque do famoso prefácio de Victor Hugo, "Do grotesco e do sublime", que anuncia outra forma híbrida, o drama, como amálgama entre opostos.

Essa síntese, necessariamente esquemática, é suficiente para atender a um propósito específico à presente argumentação, que é o de afirmar que a ênfase depositada na figura do autor na tradição literária ocidental não tem a mesma conotação que lhe é atribuída por Barthes.

Se este prefere entender o autor como limitador do sentido do texto, a recapitulação de seu contexto de origem põe em evidência justamente o contrário dessa concepção: a presença de um novo personagem, o escritor criativo, como parte integrante do universo textual, aponta para a libertação da literatura de suas amarras prescritivas, atuando como um dos vetores da individualidade e autonomia da obra literária.

O alvo de Barthes está, portanto, velado. Talvez não seja o autor, mas sim a imagem que metaforiza uma outra noção, de origem romântica e relacionada ao autor: a de literatura como confissão, como expressão de um eu. Ela não está, evidentemente, desvinculada do autor, mas tem a especificidade de conferir a ele o poder de explicar o texto, de tratá-lo como o esteio do sentido de tudo o que escreve, reduzindo a escrita a um meio diáfano e transparente de registrar um conteúdo pré-formado.

Para refletir sobre essa hipótese, voltemos ao texto de Barthes. Ali ele explicita em que circunstâncias costuma aparecer essa personagem:

> O autor reina ainda nos manuais de história literária, nas biografias de escritores, nas entrevistas dos periódicos, e na própria consciência dos literatos, ciosos por juntar, graças ao seu diário íntimo, a pessoa e a obra; a imagem da literatura que se pode encontrar na cultura corrente está tiranicamente centralizada no autor, sua pessoa, sua história, seus gostos, suas paixões; a crítica consiste ainda, o mais das vezes, em dizer que a obra de Baudelaire é o fracasso do homem Baudelaire, a de van Gogh é a loucura, a de Tchaikovski é o seu vício: a explicação da obra é sempre buscada do lado de quem a produziu, como se, através da alegoria mais ou menos transparente da ficção, fosse sempre afinal a voz de uma só e mesma pessoa, o autor, a entregar a sua "confidência".[4]

---

4. Ibid., p. 66.

O trecho é muito claro. Por essa passagem, Barthes identifica como autor o indivíduo que escreve, isto é, o eu biográfico, com data de nascimento, características físicas e hábitos mundanos. Trata-se, primeiramente, de considerá-lo em sua acepção mais restrita, portanto. Essa figura de carne e osso deve representar algo de revoltante para o crítico, mas talvez não seja odiosa em si mesma, porque com a expressão "a morte do autor" Barthes certamente não sugeria o extermínio do escritor criativo. Sua insatisfação é com os procedimentos críticos de seu tempo, responsáveis por desviar a atenção destinada ao texto literário para o sujeito que o produziu, e sua crítica se dirige, por consequência, a uma prática: interpretar segundo as declarações, a biografia e a psicologia do escritor.

Essa prática implica recuperar no texto a experiência vivida (nas biografias, diários íntimos e histórias literárias), ou ajustar o texto às declarações daquele que o escreveu (nas entrevistas e nos documentos revirados no espólio de um escritor). De um modo ou de outro, interpretar *segundo o autor* significa, pois, pressupor a coerência do eu individual e buscar a unidade de sentido do texto numa figura ao mesmo tempo anterior (na suposta premeditação consciente ou inconsciente do texto) e posterior a ele (nas declarações ulteriores a seu respeito).

O trecho de Barthes retoma, na verdade, uma discussão um pouco mais antiga, travada com grande propriedade por T. S. Eliot, cuja filosofia crítica, a exemplo de sua poesia, é fundada na concepção de que a natureza humana é "impura" e finita. Conforme salienta A. G. George, em "Eliot as literary critic", seu antecessor principal é Hulme, que repudiava a ideia rousseauniana de que a essência do homem é boa, o "nobre selvagem", antes defendendo a necessidade da disciplina e da impessoalidade. Se a personalidade humana é impura, a sinceridade e a clareza com que ela é "expressa" não podem constituir critério para se julgar o texto. Daí Eliot apontar para a necessidade de se estabelecerem padrões externos que possam servir como critério de avaliação para a literatura. Para este crítico, a defesa da autonomia estética da literatura entrava, contudo, em conflito com sua religiosidade crescente e sua consciência social.[5]

Explicar é o contrário de interpretar. Se a interpretação atua sobre possibilidades, a explicação presume que só pode haver um sentido, e que este sentido é passível de ser revelado. A interpretação é mutuamente válida: eu interpreto de acordo com algumas justificativas que não excluem uma segunda interpretação, construída com base em outras justificativas. Já a explicação não permite a variedade. Ela é um ponto final em qualquer discussão. A interpretação não assume que possa haver uma verdade imutável, porque trata o texto como um organismo maleável, que se modifica de acordo com o momento histórico de sua recepção e com o próprio leitor, e carrega em si a ideia de que as verdades são ilusões criadas. Já a explicação se move pela satisfação na crença em uma verdade definitiva, pelo mistério ainda maior de uma causalidade única, fria e indiferente à diversidade humana.[6]

Explicar um texto *segundo seu autor* implica conceber a intenção como uma deliberação premeditada à escrita. A crítica a essa prática, já muito conhecida, e ao menos três décadas mais antiga do que o manifesto de Barthes

---

5. Cf. o cap. VIII de A. G. George, *T. S. Eliot* – his mind and art, Londres, Asia Publishing House, s/d.

6. Cf. Nietzsche, *Sobre verdade e mentira* (organização e tradução de Fernando de Moraes Barros), São Paulo, Hedra, 2007.

(lembremos os ensaios de Eliot, a crítica de Jung a Freud e a "falácia intencional" de Beardsley e Wimsatt), parte da ideia-base de que, se fosse possível explicar um texto segundo a intenção de seu autor, teríamos que concordar com a possibilidade de as palavras traduzirem literalmente nossas ideias, e, mais absurdamente, com a hipótese de o escritor ter pensado todo o texto antes de começar a escrevê-lo. Encarada dessa forma, a escrita seria uma consubstanciação, isto é, o mesmo que transportar ideias para o papel, sem que outras ideias (e mesmo outras palavras) interferissem naquilo que foi previamente elaborado mentalmente. Desse modo, para se compreender a intencionalidade como premeditação, requer-se que se adote uma concepção tão somente mecânica da escrita.

Estabelecida essa distinção, Barthes supostamente defenderia a interpretação no lugar da explicação. Mas não é isso o que ocorre, e "a morte do autor" terá implicações mais radicais que esta.

III. DE QUE É FEITA A ESCRITURA?

Da impossibilidade de ancorar o sentido do texto num porto seguro, estável e definível como é o autor, decorre uma noção bastante flexível de interpretação, que Barthes distingue da *decifração*, concebendo-a simplesmente como *leitura possível*. Em outros termos, a atividade crítica deixa de visar a uma verdade excludente das demais e se apresenta como inclusiva, mutuamente verossímil. Segundo Barthes, o texto pode ser "desfiado", nunca "decifrado", porque "não há fundo" que se revele.

Nesse universo teórico, a questão que se coloca não é mais conceitual do que de nomenclatura. Reformular nossos modos habituais de compreender o mundo, bem como nossas práticas de leitura e ensino, significa, nesse debate, reformular o vocabulário que empregamos. O exemplo maior disso é a conversão do conceito de *literatura*, matizado pelos séculos de tradição retórica, em *escritura*, concebida como prática que "propõe sentido sem parar", mas com o propósito de "evaporá-lo: ela procede a uma isenção sistemática do sentido".[7] Sendo assim, no universo barthesiano, a suposição de um sentido principal é considerada como autoritária.

Haver muitos sentidos significa não haver um "sentido último". Esse modo de encarar o texto destitui o crítico de seu trono de leitor profissional, porque desierarquiza sua interpretação ao considerá-la mais uma leitura. Barthes continua a rejeitar as formas de poder, a denunciar os donos do texto, a que se refere através do emprego irônico de maiúsculas alegorizantes: "não é de se admirar, portanto, que o reinado do Autor tenha sido o reinado do Crítico, nem tampouco que a crítica (mesmo a nova) esteja hoje abalada ao mesmo tempo que o Autor."[8]

Desalojada de um autor – isto é, de um *passado* e de um *fundo* –, a "escritura" se constituirá como um espaço de "dimensões múltiplas, onde se casam e se contestam escrituras variadas, das quais nenhuma é original: o texto é um tecido de citações, saídas dos mil focos da cultura". Essa passagem, em Barthes, é seminal para a teoria da *intertextualidade* – expressão cunhada por Julia Kristeva, em 1966, e sistematizada como teoria em *Semiótica*, de 1969. Ali, a noção de intertextualidade substitui a de intersubjetividade, isto é, como forma de designar o processo de produção do texto literário para além da expres-

---

7. Roland Barthes. "A morte do autor", op. cit., p. 69.
8. Ibid., p. 69.

são de um eu. O texto se constitui, segundo a semióloga, da absorção e transformação de outros textos. Toda a escrita será, portanto, e inevitavelmente, reescrita. Nesse campo de atuação, entram em jogo, de modo decisivo para se pensar a evolução da tradição literária, noções como as de *paródia*, *paráfrase*, *citação*, *colagem*, *alusão* e *apropriação*, pensadas sempre como rupturas e desvios.

À luz dessas considerações, o "escriptor", segundo Barthes,

> (...) não possui mais em si paixões, humores, sentimentos, impressões, mas esse imenso dicionário de onde retira uma escritura que não pode ter parada: a vida nunca faz outra coisa senão imitar o livro, e esse mesmo livro não é mais que um tecido de signos, imitação perdida, infinitamente recuada.[9]

A concepção de que os textos dialogam entre si e de que a escrita é um arranjo de vozes não é, evidentemente, uma invenção de Barthes, tampouco de Kristeva. Ela existe desde Homero, e a prática da emulação entre autores confunde-se com a própria prática da escrita. Modernamente, já nas primeiras décadas do século XX ao menos três teóricos russos trataram do tema com profundidade: Eikhenbaum ("Sobre a teoria da prosa", 1925) e Tynianov ("Da evolução literária", 1927), vinculados ao chamado formalismo russo, e, principalmente, Bakhtin, cujas teorias a respeito do dialogismo do discurso literário e da polifonia no romance (*A poética de Dostoiévski*, 1929, e *Questões de literatura e estética*, 1975) conferem o escopo teórico mais denso sobre o tema. Se avaliarmos "A morte do autor" com base em seus antecedentes, encontraremos uma gama tão variada de autores relevantes

9. Ibid., p. 69.

e de estudos profundos, que seremos levados a concluir que "a morte do autor" é, sobretudo, um panfleto.

Um panfleto em favor de um outro polo constituinte do fenômeno literário. E que aponta, surpreendentemente, para a construção de um outro *império*.

IV. O IMPÉRIO DO LEITOR

Como já adiantado, o tom do texto de 1968 é o de manifesto. A lógica do discurso barthesiano não é estritamente dedutiva – uma proposição não leva necessariamente a outra. Barthes trabalha, melhor dizendo, com um jogo de compensações: "(...) o autor entra na sua própria morte, a escritura começa". O desligamento do autor é compreendido, nesses termos, como condição necessária para a escritura. Ele afirma, por exemplo, que "nas sociedades etnográficas, a narrativa nunca é assumida por uma pessoa, mas por um mediador, xamã ou recitante, de quem, a rigor, se pode admirar a performance (isto é, o domínio do código narrativo), mas nunca o 'gênio'". Seria possível, diante dessa remissão, contra-argumentar dizendo simplesmente que a nossa sociedade não é mais etnográfica, e que escritores não são xamãs, ou então que essa contextualização não é mais verdadeira e aplicável do que as demais, como com relação à sociedade romântica, na qual a narrativa é assumida por um único indivíduo, "homem de gênio", cuja obra é admirada em correlação estreita com sua psicologia e experiências. Mas esse caminho seria adequado se Barthes não tivesse revelado, com a tese da "morte do autor", o real propósito de instaurar um outro império: "o nascimento do leitor deve pagar-se com a morte do autor".[10]

10. Ibid., p. 70.

Essa é a frase axiomática que encerra seu texto. Trata-se de um apelo, que merece atenção mais detida, porque, se atentarmos bem, ele significa que, embora critique o "império do Autor", Barthes não trata a "escritura" como fenômeno integralmente autônomo.

Se "o verdadeiro lugar da escritura" é a "leitura", quem é o leitor?

Essa pergunta identifica na estratégia argumentativa de Barthes seu foco tendencioso. Isso porque, se o autor era antes tomado em sua acepção mais restrita – o escritor, o indivíduo –, o leitor é concebido de modo bastante diferente. Primeiramente, ele não é encarado como um indivíduo: "o leitor é um homem sem história, sem biografia, sem psicologia". Ele representa, na verdade, um espaço: "onde se inscrevem, sem que nenhuma se perca, todas as citações de que é feita uma escritura". O leitor é concebido como aquele que confere unidade ao texto: "a unidade do texto não está em sua origem, mas no seu destino". Um destino impessoal, portanto. Mas não seria possível usar esse mesmo recurso para idealizar o autor?

Em "Escrever a leitura" (1970), Barthes expõe seus propósitos em *S/Z*, a análise de Sarrasine, afirmando que em vez de falar de Balzac e do seu tempo, da psicologia de suas personagens, da temática do texto ou da sociologia do enredo, preferiu "ler levantando a cabeça"[11], isto é, sistematizando todas as digressões, os momentos que interrompeu a leitura para interrogá-la. *S/Z* é a demonstração prática do que Barthes chama de "texto-leitura", expressão que substitui o termo "crítica", e que pretende retirar o privilégio ao lugar de onde supostamente parte a obra,

---

11. Roland Barthes, "Escrever a leitura" [1970], in *O rumor da língua*, op. cit., p.40.

pessoal ou histórico, e redirecioná-lo para seu destino, o leitor. Assim, ao invés de se perguntar "o que o autor quis dizer", Barthes pergunta "o que o leitor entende".[12] Mas nota-se, novamente, em contraste com a descrição da figura autoral, o tratamento idealizador conferido ao leitor: "Não reconstituí o leitor (fosse eu ou você), mas a leitura. Quero dizer que toda a leitura deriva de formas transindividuais".[13]

Diante de um postulado a tal ponto dogmático, refaçamos a pergunta: se concordarmos em compreender como equivocado o espaço antes conferido ao autor como autoridade sobre o texto, será legítimo assumir a censura ao autor como um substituto da antiga censura ao leitor? Ou ainda: por que tratar o leitor como tutor do sentido do texto seria mais legítimo do que atribuir esse papel ao autor?

Para essa pergunta, é inevitável considerar uma resposta muito simples, mas grávida de decorrências: porque os leitores são muitos, ao passo que o autor é um só. Os leitores, sendo em maior número e diferentes entre si, tornam tudo ao mesmo tempo possível e impossível. Se tudo pode ser comunicado numa frase, o que de fato ela comunica?

O império do leitor não é outra coisa senão uma tentativa inicial de dissolução do sentido e, com ele, do status do texto. Ainda em "Escrever a leitura", lemos: "a composição canaliza; a leitura, pelo contrário (esse texto que escrevemos em nós quando lemos), dispersa, dissemina". O autor, ou a "lógica da razão", é substituído pelo leitor,

12. Ibid., p. 41.

13. Ibid., p. 42. Um tratamento "transindividual" conferido ao autor se verifica em Foucault, em "O que é um autor" e em *A ordem do discurso*, textos de que tratarei noutra ocasião.

ou a "lógica do símbolo".[14] A concepção de que o "texto-leitura" deve reestabelecer a "verdade lúdica" da "escritura" é o substituto, no vernáculo barthesiano, à concepção de que a crítica deve estabelecer a verdade objetiva/subjetiva da literatura. Está aberto, assim, o curso dos questionamentos para que envereda a crítica pós-estruturalista. E essa constatação nos encaminha para um estágio importante nessa discussão.

V. PELA ROTA MALLARMAICA

A concepção de que a linguagem poética é essencialmente não-comunicativa é de origem simbolista e atraiu para o poema uma aura mística, que encontrou amplo respaldo na literatura francesa da segunda metade do século XIX. No entanto, não se pode generalizá-la. Em "The Social Function of Poetry" (1945), T. S. Eliot – conhecido por advogar em favor da despersonalização do escritor no texto e por antecipar a visão dos *new critics*, sobretudo no que diz respeito às falaciosas projeções psicobiográfias de críticos como Sainte-Beuve – não abre mão do propósito comunicativo para tratar da lírica. O título do livro de que consta este ensaio, *Sobre poesia e poetas*, é autoexplicativo nesse sentido:

> Além de qualquer intenção específica que a poesia possa ter (...) há sempre a comunicação de alguma nova experiência, ou uma inédita compreensão do familiar, ou a expressão de algo que vivenciamos mas para o qual não temos palavras, o que alarga nossa consciência ou refina nossa sensibilidade.[15]

---

14. Ibid., p. 41.

15. T. S. Eliot, "The Social Function of Poetry", in *On poetry and poets*, Londres/Boston, Faber and Faber, 1984, p. 18. [Tradução minha.].

Em contraste com a visão eliotiana de que a poesia lida sempre com a comunicação de alguma experiência nova, ou proporciona um novo entendimento do que já é familiar, a concepção de escritura resulta, em Barthes, num texto que não pode representar nada que esteja antes dele. Essa forma de encarar o texto, como realidade ontológica, não é estranha à sua base de enunciação linguística – a concepção algo misteriosa, mas muito difundida, de "função poética da linguagem", proposta em 1960 pelo linguista russo Roman Jakobson. A linguagem poética não narra, não expressa, porque ela é um fim em si mesma. O que Jakobson afirma é que a "função da linguagem poética projeta o princípio de equivalência do eixo de seleção sobre o eixo de combinação"[16] da linguagem. Mas Barthes radicaliza essa perspectiva, por defender que a "verdade do texto" é o próprio texto, não no sentido de que ele possa comunicar algo, mas de que ele, enquanto escritura, só pode ser autorreferencial. Jakobson não foi tão longe: "A adaptação dos meios poéticos a algum propósito heterogêneo não lhes esconde a essência primeira, assim como os elementos da linguagem emotiva, quando utilizados em poesia, conservam ainda sua nuança emotiva"[17].

Essa diferença se deve a um viés específico de leitura. O modo como Barthes lê Jakobson, e com ele a *nouvelle critique* e o grupo *Tel quel*, tem em Mallarmé um filtro radical, que singulariza a linguagem poética como objeto anticomunicativo. "No fundo, o mundo foi feito para acabar num belo livro", dizia o poeta de "Le livre". Em um

---

16. Roman Jakobson, "Linguística e poética" [1960], in *Linguística e comunicação* (tradução de Izidoro Blikstein e José Paulo Paes), 5ª ed., São Paulo, Cultrix, 1971, p. 130.

17. Ibid., p. 131.

dos fragmentos de *Igitur*, lemos ainda: "Profiro a palavra, para afundá-la de novo em sua inanidade".[18] O caminho de desmistificação do autor prosseguia, pela rota mallarmaica, para a mistificação da linguagem. Estava aí o novo índice de literariedade do texto. Em vez de pensar os mecanismos próprios de uma função poética da linguagem, a crítica de Barthes cedia à recusa não só da explicação, mas também da interpretação.

A esse respeito, recentemente o ensaísta italiano Alfonso Berardinelli (um intelectual nada "moderno", diga-se de passagem, na medida em que julga que a literatura não só tem um sentido, como confere sentido à experiência) tomou partido de modo bastante incisivo nessa questão, denunciando a influência e a hegemonia pós-estruturalista enquanto base de teorização do texto literário. Segundo ele, a rota traçada através de Mallarmé teria levado a poesia para um "caminho de depuração anticomunicativa, progressivamente se enfraquecendo e esvaziando". As cores com que Berardinelli pinta o cenário da nova poesia são pálidas: "a maior parte dos jovens autores que começaram a publicar a partir dos anos 1970 não ultrapassaram os limites e o âmbito restrito fixados pela estética formalista e pelas vanguardas informais, segundo as quais tudo era possível em poesia, tudo era permitido, exceto dizer alguma coisa".[19]

A leitura teria deixado de ser o compartilhamento de uma experiência nova, uma vez que, simultaneamente às tendências poéticas, Berardinelli constata um danoso

---

18. Mallarmé, *Poemas* (organização e tradução de José Lino Grünewald), Rio de Janeiro, Nova Fronteira, 1990, p. 115.

19. Alfonso Berardinelli, "As fronteiras da poesia" [1993], in *Da poesia à prosa* (organização de Maria Betânia Amoroso; tradução de Maurício Santana Dias), São Paulo, Cosac Naify, 2007, p.16.

movimento de abstração do texto por parte dos críticos. Ele considera que enquanto a crítica literária, em pouco tempo, ocupou-se, não da literatura, mas da *ideia de literatura*, sua noção de linguagem traduziu-se como hermetismo, um todo fechado em si mesmo, estranho a quaisquer valores semânticos: "As fronteiras da Literatura, entendida como máquina textual que devora a si mesma, dilatavam-se enormemente, impedindo que a ideia e a essência literária entrassem de fato em atrito com algo de diferente e de estranho".[20] O texto torna-se, então, um código restrito a um círculo diminuto de escritores, o que, num outro ensaio, Berardinelli chama de "antimundo".[21] Com a literatura ascética e afastada de tudo, a crítica a seu respeito, que havia estigmatizado o fundo semântico da "escritura", converte-se numa fala verborrágica e conjectural sobre o silêncio – sua forma mais depurada de autodestruição. Ambas, narcisicamente, formulando jargões inovadores a respeito de si mesmas.

Desmistificava-se o autor, mistificava-se a linguagem.

Com isso, fazia-se uma negação generalizada: do sujeito, do tema (o objeto), da sociedade, da história; de tudo que não fosse a afirmação de um vazio, a própria linguagem.

A leitura de Berardinelli, da década de 1990, é afim à perspectiva de Hayden White sobre a crítica contemporânea a um ensaio seu, de 1976, que falava num "momento absurdista" na moderna crítica literária. Para o estudioso americano, a crítica não apenas não mais teria uma ideia segura do que representava a literatura, como não sabe-

---

20. Ibid., p. 16.
21. Ibid., "Quatro tipos de obscuridade" [1991], op. cit., p.141.

ria traçar a linha que separa a literatura da linguagem: "nada é interpretável como fenômeno especificamente literário, a literatura como tal não existe, e a tarefa da moderna crítica literária (se a questão for levada às últimas consequências) é comandar sua própria dissolução".[22]

É o caso, então, de voltarmos às bases dessa discussão.

Num ensaio esclarecedor sob vários aspectos, "The Frontiers of Criticism" (1956), T. S. Eliot chamou a atenção para dois perigos do método explicativo ou psicobiográfico: 1) pressupor que há apenas uma interpretação correta, sem perceber que o poema pode ter significados diferentes para leitores de diferentes sensibilidades; 2) pressupor que sendo válida a interpretação dum poema, ela passa a ser aquilo que seu autor tentara transmitir consciente ou inconscientemente. A tese da "morte do autor" não desconsiderou esses riscos, pelo contrário: ela extrapolou seus limites, e, ao se opor em demasia à ótica individualista e histórica das correntes de explicação do texto, acabou por se equiparar à política de certos governantes, que, sob o pretexto de eliminar a pobreza, mais ou menos voluntariamente expulsaram os pobres de suas vistas.

VI. AUTORIA E AUTORIDADE: FORA OS RINOCERONTES!

O manifesto de Barthes é escrito num momento excepcional, em que Paris é o epicentro de explosões de radicalismo estudantil assistidas em todo o mundo. Cin-

22. Hayden White, "O momento absurdista na teoria literária contemporânea", in *Trópicos do discurso* – ensaios sobre a crítica da cultura (tradução de Alípio Correia de Franca Neto), São Paulo, Edusp, 1994, p. 286.

quenta anos depois, não é tarefa simples mensurar o estado de exaltação em que se vivia naquele período, porque a realidade que conhecemos é em muitos aspectos diametralmente oposta àquela. Basta dizer que hoje a tirania do mercado, associada à falta de oportunidade de trabalho e ao individualismo, levou boa parte dos jovens a abandonar o discurso revoltado e a lutar justamente pela inserção nesse sistema. A imagem do profissional "bem-sucedido" está andares acima em sua escala de valores daquela outra, contestadora, ora malvista como romantismo ultrapassado, sem lenço e sem documento, ora digerida pelo próprio mercado, que a devolve em formas mais domesticadas, como a imagem de "Che" nas camisetas, pôsteres e broches.

Já em 1972, Pasolini aludia ao retrocesso dos jovens de sua geração com relação à dos anos 1960. Para ele, os cabelos compridos, então signos não-verbais que, embora nascidos no seio da burguesia, exprimiam o enjoo da civilização de consumo, haviam se tornado "coisas de televisão ou dos anúncios publicitários". Eram, desse modo, signos que ressuscitavam o conformismo servil e o convencionalismo vulgar que seus pais haviam momentaneamente superado.[23]

Pasolini, aliás, percebeu, tão logo começou a se agravar, o processo de "coisificação" e "desidentificação" social originado no capitalismo monopolista, e que em termos bem atuais é designado por "globalização". A uniformização dos gostos, hábitos, ideias – ou da falta delas –, trajes, léxico, valores etc., deve-se, em suma, à vontade

23. Pier Paolo Pasolini, "O discurso dos cabelos", in *Os jovens infelizes* – antologia de ensaios corsários (tradução de Michel Lahud e Maria Betânia Amoroso), São Paulo, Brasiliense, 1990, pp. 37-44.

de aburguesamento social que teria feito da pobreza algo repugnante aos nossos olhos. Passa a ser aceita a música dos negros, mas não os negros: "Em 1961, os burgueses viam no subproletariado o mal, exatamente como os racistas americanos o viam no universo negro".[24]

Como descreve Hobsbawm, o espantoso juvenescimento da sociedade assistido após a década de 1950 significa a afirmação absoluta do capitalismo. O jovem, quer pelo rock, pelo jeans, pelo cinema hollywoodiano (James Dean), pelas drogas, pela liberalização sexual, pela tecnologia mutante e acelerada, ou pelo culto do corpo e pela valorização dos esportes, passa a ser, depois da Segunda Guerra, o símbolo máximo das economias de mercado desenvolvidas. A cultura jovem torna-se a matriz da revolução cultural do século XX e acentua o que Hobsbawm chama de "abismo histórico" entre os nascidos antes de 1925 e depois de 1950.[25]

Hoje, pautado no julgamento das aparências e formado num sistema educacional pragmatista, esse jovem "bem informado", cujas ansiedades são anestesiadas, quando não confundidas, pelo consumo,[26] não duvida de nada; prefere, em síntese, a adaptação à contestação. Os *mass media*, ou o "hedonismo do poder consumista", nas palavras de Pasolinni, tornaram-se a ideologia do poder no mundo jovem.

Isso para dizer que a escrita de "A morte do autor", realizada justamente em Paris, por um intelectual de es-

---

24. Idem, "Meu 'Accattone' na TV após o genocídio", op. cit., p. 138.

25. Cf. Eric Hobsbawm, "Revolução cultural", in *Era dos Extremos – o breve século XX (1914-1991)* (tradução de Marcos Santarrita), 2ª ed., São Paulo, Companhia das Letras, 1994, pp. 314-336.

26. A esse respeito, Pasolini fala em um novo fascismo, o "fascismo de consumo".

pírito jovem (já na casa dos cinquenta anos), libertário e contestador, comprometido com as mudanças e os discursos de seu tempo, não pode ser bem compreendida se inteiramente desvinculada de seu momento de produção, caracterizado por uma embriaguez política e cultural cujo raio de disseminação abrange todo o Ocidente.

Entre fevereiro e maio de 1968 eclodem os movimentos anti-stalinistas em Varsóvia e Praga, bem como as revoltas estudantis em Bonn, na Alemanha, assiste-se à tomada da Universidade de Nanterre, na França, liderada por Daniel Cohn-Bendit, à invasão da Universidade de Brasília pelos estudantes, e aos protestos em todo o Brasil pela morte do estudante Edson Luiz de Lima Souto, em confronto com a polícia durante a invasão do restaurante universitário Calabouço, no Rio de Janeiro. Nos EUA, inicia-se uma onda de conflitos raciais após o assassinato de Martin Luther King, ocorre a ocupação da Universidade Columbia e o protesto contra a guerra do Vietnã no Central Park, em Nova Iorque. Em Paris, levantam-se barricadas de até três metros de altura nas ruas do Quartier Latin e coloca-se em marcha uma sequência de greves operárias que culminam na paralisação, no dia 25 de maio, de nada menos que 10 milhões de estudantes e funcionário públicos, sendo considerada a maior da história.

As lutas de 68 foram sempre antiautoritárias. E essa reação contra o poder se estendeu do âmbito político ao familiar, educacional e comportamental. Mas o que as singulariza na França, e torna sua compreensão uma tarefa menos óbvia do que pode aparentar ser, é que o movimento não se resumia, simplesmente, a uma reivindicação financeira dos operários, ou à discórdia política dos estudantes e intelectuais. Há um certo infantilismo que compõe o movimento e o torna inaudito desde a origem:

um grupo de estudantes que rejeitavam a disciplina, as regras e as formalidades da vida no campus. E esse espírito muito mais lúdico do que propriamente revolucionário se manteve. A rebeldia, distante do drama do esfomeado ou do desespero aflitivo do desempregado, tal como assistimos hoje no terceiro mundo, era mais propriamente de um colorido niilista de quem não pretendia tomar o poder, mas contestar a existência de qualquer instância que pudesse exercê-lo. Tal contestação poderia se sintetizar na permissão, por exemplo, de as mulheres usarem calças compridas. Sem um projeto político real, sem uma ditadura para combater, e com as barrigas cheias, mais propriamente do que realizar uma revolução, o que a juventude parisiense buscava era um discurso de revolta.

Maio de 68 não triunfou em todos os planos, e o que se assistiu na década de 1970 foi a um endurecimento dos regimes políticos, a tomada de Praga pelos tanques soviéticos, a eleição de Nixon nos EUA, o AI-5 no Brasil e o revigoramento do poder de de Gaulle na França. Mas seu efeito sobre os costumes e a cultura foi bastante visível. Barthes se referiu ao período como "a Libertação" – libertação esta que está longe de ter passado em branco em seu manifesto sobre o destino do autor.

Essencialmente, o final da década de 1960 na França é marcado por uma transição geracional bastante nítida, ligada ao sensacional progresso da alfabetização e à extraordinária corrida para a Universidade, que aprofundaram enormemente as diferenças entre pais e filhos, tanto no que se refere à visão de mundo quanto aos hábitos e valores adotados. O jovem universitário não representava mais um pequeno percentual da população em mera transição para as obrigações adultas, mas uma classe composta por uma massa de estudantes ainda sem espaço definido na sociedade. O abismo geracional se agrava se considerarmos a diferença de mentalidade entre aqueles que, tendo enfrentado a Segunda Guerra Mundial, presenciavam um momento incomparavelmente mais estável e com ares de prosperidade nos anos 1960, e a geração pós-guerra, ávida por encontrar sentidos na eleição de inimigos. O ressentimento contra um tipo de autoridade, representado pela própria universidade, alimentou o radicalismo no seio de uma classe social curiosamente não afetada de modo direto pela insatisfação econômica. Na França, a associação da figura de de Gaulle com a de um tirano, embora comum, era injustificável em muitos aspectos, e derivava da necessidade de união de toda a esquerda, que buscava afirmar-se e instaurar um governo popular que discriminasse qualquer forma de afirmação de poder pessoal. Naquele momento, ainda não estava claro que o inimigo não era mais uma pessoa (os fantasmas de Stalin, Hitler e Mussolini) ou categoria social (a monarquia, a burguesia), mas algo invisivelmente nefasto, sem rosto, que alimentava e educava a juventude rebelde: o poder socioeconômico – ditador de hábitos, necessidades, valores e modos de relações humanas.

É nessa atmosfera libertária, em que o argumento de autoridade perdia a razão e é empenhado em desabonar quaisquer formas de poder, que Barthes escreve "A morte do autor".

Não é difícil compreender a inclinação ideológica de seu gesto, bem como a vinculação que estabelece entre a figura autoral e a imagem de um tirano. Seu manifesto é fruto de um momento coletivo de grande *élan* revolucionário. Não por acaso, está entremeado de expressões que apontam para um mesmo universo conotativo: o autor é o dono de um Império muito poderoso, diz Barthes. Portanto, a autoria é considerada sinônimo de autoritarismo, aprisionamento, restrição, centralização, e contra ela operam termos como "destruição", "apagamento", "desligamento", "afastamento" e "dessacralização".

A iniciativa de se afastar de quaisquer formas de poder é representativa em Barthes. Em sua aula inaugural no Colégio da França (1977), ele retoma o mesmo tema: "Uma outra alegria me vem hoje, mais grave porque mais responsável: a de entrar num lugar que pode ser dito rigorosamente: fora do poder".[27] Essa afirmação se faz presente diante da constatação de que o conjunto de rupturas conquistadas pela sociedade intelectual pouco menos de uma década antes do pronunciamento de sua "aula" não produzira um desligamento do poder, pelo contrário:

> (...) evidenciou-se que, à medida que os aparelhos de contestação se multiplicavam, o próprio poder, como categoria discursiva, se dividia, se estendia como uma água que escorre por toda a parte, cada grupo opositor tornando-se, por sua vez e à sua maneira, um grupo de pressão, e entoando em seu próprio nome o próprio discurso do poder.[28]

Os produtos social, cultural e sexual da ruptura não se traduziam: "vangloriavam-se de pôr em evidência o que havia sido esmagado, sem ver o que, assim fazendo, se esmagava alhures".[29] Sua famosa "Aula" é em parte um modo de justificar o texto como espaço de libertação total das formas de poder: "Se a semiologia de que falo voltou então ao Texto é que, nesse concerto de pequenas dominações, o Texto lhe apareceu como o próprio índice de

---

27. Roland Barthes, *Aula* (tradução de Leyla Perrone-Moisés), 7ª ed, São Paulo, Cultrix, 1997, p. 9.

28. Ibid., p. 34.

29. Ibid., pp. 34-5.

despoder".[30] Barthes definia ao mesmo tempo um posicionamento diante da literatura e a sua natureza. A literatura lhe serve, assim, como estado privilegiado da linguagem, como escritura emancipada de um autor, que "permite ouvir a língua fora do poder", e esse poder é representado, no âmbito da linguagem, pelo "mito da criatividade pura", ou seja, o homem de gênio.

A matéria em jogo é fundamentalmente ideológica: a literatura deve distanciar-se da palavra gregária, dos donos do sentido, e ser encarada como escrita "longe dos *topoi* da cultura politizada".[31] A ideia de libertação insere-se, de resto, num conjunto de atitudes que se traduzem de modo similar, tal como a de se buscar a emancipação do Estado com relação à Igreja, do cidadão com relação ao Estado, do homem com relação a Deus.

Se o pensamento intelectual nesse momento dirige-se para a necessidade de deixar-se guiar a si mesmo, sua radicalização será imaginar a possibilidade de o texto falar por si. Diante dessa liberdade, também o papel do professor deve ser revisto, e Barthes se mostra atento a isso: "O que eu gostaria de renovar, cada um dos anos em que me será dado aqui ensinar, é a maneira de apresentar a aula ou o seminário, em suma, de 'manter' um discurso sem o impor".[32]

É ainda na "Aula", ministrada com distanciamento do momento de publicação do texto aqui enfocado, que Barthes associa diretamente a tese da "morte do autor" com os acontecimentos ocorridos no ano de sua escrita:

---

30. Ibid., p. 35.
31. Ibid., p. 35.
32. Ibid., p. 43.

Por um lado, e antes de mais nada, desde a Libertação, o mito do grande escritor francês, depositário sagrado de todos os valores superiores, desgasta-se, extenua-se e morre pouco a pouco com cada um dos últimos sobreviventes do período entre as duas Guerras; é um novo tipo que entra em cena, que não se sabe mais – ou não se sabe ainda – como chamar: escritor? Intelectual? Escriptor?[33]

A desmistificação de verdades, práticas e modos de ver é um procedimento típico em Barthes. Talvez o principal traço de união entre seus textos seja a perseguição ao senso-comum, aos mecanismos naturais de cristalização de ideologias. Matar o autor é uma decisão que evidencia sua fuga ao consensual, e a ruptura com os hábitos foi sempre uma prática autojustificável para o crítico.

Autoria e autoridade, portanto, só poderiam ter sido tomadas como sinônimos por Barthes.

Mas se a exclusão do autor da recepção da obra literária foi uma prática que a geração de 68 sedimentou na crítica literária, este duplo retrospecto, tanto retórico quanto histórico, permite-nos compreender que o grande gesto teórico da morte do autor, uma vez tornado consenso estruturalista para as sucessivas gerações de críticos – muitos dos quais ainda atuantes –, deve ser encarado como um passo para que o autor renasça sob uma perspectiva ao mesmo tempo menos projetiva e mais humanizada.

33. Ibid., p. 41.

Disfarce e fraude autoral:
Memória, testemunho e ficção

I. DO DISFARCE AUTORAL

Em que pese o conhecimento geral a respeito do amplo e tradicional uso da pseudonímia nas artes e na literatura, não deixa de surpreender que aproximadamente 70% dos romances publicados nos últimos trinta anos do século XVIII tenham sido veiculados sob o expediente do disfarce autoral.[1] Tendo se disseminado nos séculos XVIII e XIX como uma pista falsa, a ocultação da autoria pelo uso de um *pen name*, um nome artístico diferente daquele do autor real, é atualmente um recurso muito utilizado na literatura para atender a propósitos editoriais que vão desde a divulgação do material produzido, oportunamente associado a um nome "vendável", até a eliminação do risco de superexposição de um escritor muito prolífico, por exemplo.

Para evitar possíveis perseguições ou simplesmente manter intacta a própria reputação, muitos escritores aventuraram-se disfarçadamente em folhetins ou livros de teor contrastante com a sua imagem pública ou os valores da época. Não é novidade que durante séculos a

1. Robert J. Griffin, "Anonymity and Authorship", *New Literary History*, v. 30, n. 4, The Johns Hopkins University Press, 1999, pp. 877-895.

pseudonímia – compreendida, assim, como forma de anonimato – foi encarada como meio para preservar o direito à livre expressão do risco da censura e da retaliação.

Um dos subgêneros do romance que, devido à própria natureza, costuma suscitar esse artifício é o *roman à clef*, que caracteriza criticamente pessoas reais como personagens, incluindo, eventualmente, o próprio autor. Um bom exemplo desse expediente ocorreu, no Brasil, com a publicação de *O encilhamento*, de Visconde de Taunay, primeiramente veiculado em folhetim e depois editado em livro. Durante cerca de trinta anos a autoria do romance, que se vale de uma fachada ficcional para retratar aspectos da crise que assolou a aristocracia carioca em 1891, foi atribuída a um certo Heitor Malheiros, somente identificado como Visconde de Taunay na edição de 1923, por seu filho, Afonso Taunay.

Analogamente, a crônica de costumes, de verve satírica ou humorística, costuma reclamar o disfarce. Oswald de Andrade, por exemplo, inventor da chamada "crônica de imigração", no jornal *O Pirralho* (1912-1917), escreveu suas "Cartas D'Abax'o Pigues" sob o pseudônimo de Annibale Scipione. A paródia linguística do português falado pelos italianos em São Paulo teve continuidade, após a saída de Oswald, por meio de "Juó Bananere", na verdade Alexandre Marcondes Machado, criador do "Rigalegio".[2]

É também sensível, por outro lado, que para superar o machismo que entravava a publicação e a justa apreciação de seus textos, que poderiam ser facilmente préjulgados como superficiais, muitas escritoras se fizeram

2. Vera Maria Chalmers, "A crônica humorística de 'O Pirralho'", *Revista de Letras*, v. 30, Unesp-Araraquara, São Paulo, 1990, pp. 33-42.

passar por homens. A inglesa Mary Ann Evans, mais conhecida como George Eliot, autora de *Middlemarch*, e Amantine Aurore Lucille Dupin, ou George Sand, o sempre referido autor de romances eróticos e psicológicos do romantismo francês, adotaram, em síntese, mecanismos de defesa não apenas do próprio gênero sexual, mas de uma autoria específica e distinta do modo de escrita anterior.[3]

Com razoável frequência, o oposto também ocorre, embora com propósitos diferentes: a adoção de nomes femininos por escritores está geralmente associada a algum tipo de conflito entre a *persona* autoral e o indivíduo. João Ribeiro, por exemplo, chegou a assinar como Elza Lentz e Maria de Azevedo; sem esquecer, é claro, Suzana Flag, o pseudônimo que assinava as novelas rocambolescas escritas por Nelson Rodrigues, em 1944.[4]

Há casos, contudo, em que o uso da pseudonímia obliterou completamente a identidade de seus autores. Foi o que sucedeu com Fréderic Saucer-Hall, Eric Blair, Louis Farrigoule, William Sidney Porter e Eugène Grindel, os

---

3. Margaret J. M. Ezell, "Reading Pseudonyms in Seventeenth-Century English Coterie Literature", *Essays in Literature*, n. 21, Spring, 1994, p. 23.

4. Outros escritores brasileiros de renome que ocultaram momentaneamente sua autoria são Carlos Drummond de Andrade, que chegou, muito brevemente, a assinar como Antônio Crispim e Artur L. Gomes; e Ciro dos Anjos, por vezes Belmiro Rocha. Já o escritor português Adolfo Rocha é até hoje mais conhecido como Miguel Torga, e muitos ainda pensam que Alceu Amoroso Lima e Tristão de Ataíde foram críticos diferentes. Um caso à parte no uso da pseudonímia é o de Coelho Neto, que abusou de seu emprego por motivos e para fins diversos: seja para verificar se o êxito de seus livros se devia, de fato, à sua qualidade literária, seja para marcar diferentes fases de sua escrita. Charles Rouget, Blanco Canabarro, Anselmo Ribas e Caliban foram alguns desses pseudônimos.

nomes reais, e pouco conhecidos, de Blaise Cendrars, George Orwell, Jules Romains, O. Henry e Paul Éluard, respectivamente. A maior parte dos leitores de Pablo Neruda, para citar um último caso, provavelmente desconhece que seu nome de batismo é Neftalí Ricardo Reyes Basoalto.[5]

A julgar que o nome que assina um texto, mesmo que homônimo ao do sujeito empírico, é já a identificação de um sujeito relativamente diferente deste, essa curiosa seleção de casos apenas revela de modo mais explícito que o disfarce autoral sempre foi um recurso não apenas absolutamente legítimo, como constitutivo do fenômeno literário.

II. DA FRAUDE AUTORAL

Os casos de disfarce autoral se restringem à alteração na assinatura, podendo ser simplesmente referidos como *alonímia*. Seja por se restringirem à esfera da nomenclatura, seja por ocultarem a real identidade de seu autor ou de suas personagens, constituem um fenômeno bastante diferente daquele ao qual podemos nos referir por *fraude autoral*, cuja dimensão ultrapassa a alteração da assinatura e não pode ser compreendida simplesmente como uma questão de resguardo pessoal ou conveniência artística. Esse é já um expediente que, ao invés de simplesmente ocultar, *forja* ou *corrompe* o dado real. Embora possa ser catalogado historicamente, sua prática en-

---

5. Para um estudo formal a respeito dos conceitos e listas de autores, cf. Mello Nóbrega, *Ocultação e disfarce da autoria* – do anonimato ao nome literário, Fortaleza, Ed. UFC, 1981. Na internet, há inúmeras listas de pseudônimos e nomes artísticos relativos a todas as atividades.

controu especial relevo na contemporaneidade, por vir sendo adotada por escritores como estratégia de inserção no mercado editorial. Vamos aos fatos mais recentes.[6]

Em fevereiro e março de 2008, alguns jornais europeus e americanos noticiaram que Misha Defonseca, escritora belga radicada nos EUA, autora do best-seller *Misha: A Mémoire of the Holocaust Years*, publicado em 1997 e traduzido para dezoito línguas, inventou suas memórias.

As memórias de Misha são mirabolantes. Uma garota judia nascida em Bruxelas viaja cerca de 3.000 quilômetros, a pé e sozinha, da Bélgica à Ucrânia, durante a Segunda Guerra, fugindo da perseguição nazista. No percurso, ao cruzar a Polônia, ela consegue escapar do Gueto de Varsóvia, que, lembremos, reuniu e exterminou meio milhão de judeus a partir de 1939. Como se já não fosse o bastante, Misha conta ter passado meses em uma floresta, sobrevivido a dois longos encontros com lobos, e esfaqueado até a morte um soldado alemão que a teria estuprado dos 7 aos 11 anos.

Apesar das fortes suspeitas levantadas a respeito da veracidade de suas memórias, muitos deram crédito a Misha, fazendo da inverossimilhança um ingrediente a mais para a narrativa. Na época, chamou atenção a es-

6. Dada a sua pouca repercussão no Brasil, optei por resenhar as seguintes matérias: Lindesay Irvine, "Nazi flight memoir was fiction, author confesses" [3 mar. 2008], disponível em <http://www.theguardian.com/books/2008/mar/03/news.film>, acesso em 22 nov. 2017; Blake Eskin, "Crying Wolf: Why did it take so long for a far-fetched holocaust memoir to be debunked?" [29 fev. 2008], disponível em <http://archive.is/iHRk6>, acesso em 22 nov. 2017. Nesses sites, há links para matérias complementares sobre o tema, igualmente consultadas e disponíveis na bibliografia.

trondosa repercussão que o livro obteve. Lançada em janeiro de 2008 no cinema francês como *Survivre avec les loups*, a saga de Misha rendeu à sua autora e à co-autora, Vera Lee, a quantia de 32,4 milhões de dólares num processo por direitos autorais.

Tamanha repercussão, se bem considerada, não chega a causar estranheza: em culturas pautadas pelo excesso, é exemplar a necessidade insurgente de se acreditar que o extraordinário tenha realmente acontecido. É também verdade, contudo, que muito pouco do que realmente se passou durante a Segunda Guerra, como, por exemplo, os campos de concentração, possa ser encarado como "verossímil". Este foi, em síntese, o argumento usado pela produtora do filme, Vera Belmont, para defender o teor de verdade da história. Sua aparente inconsistência apenas confirmava sua autenticidade – era preciso acreditar que a história tinha de fato ocorrido. Por outro lado, dificilmente se acreditaria num relato como esse se o narrador fosse, não a vítima, mas o verdugo. A ideia frequentemente difundida é, afinal, a de que as vítimas têm sempre razão. Enquanto não se provava o contrário, a narrativa de Misha contava com a condescendência de alguns leitores e a curiosidade de muitos outros.

Misha Defonseca – nome, aliás, afrontosamente inverossímil –, já na casa dos 70 anos, ocupou novamente as manchetes dos principais jornais americanos e europeus ao confessar que não é judia, que seu verdadeiro nome é Monique De Wael, que é filha de dois membros católicos da resistência belga, e que falsificou suas memórias. A "confissão" só ocorreu, no entanto, depois de a autora ter sido investigada pelo jornal belga *Le Soir*, e sua história ser colocada à prova por jornalistas e especialistas em diferentes áreas, que apontaram, inclusive, em uma rede da televisão belga, para equívocos relacionados à descrição do comportamento de animais com seres humanos, realizada no livro, e para importantes incongruências de datas históricas. Foi descoberta, por exemplo, a matrícula da autora numa escola belga um ano depois do período que ela diz ter iniciado sua peregrinação pela Europa, cuja data informada, aliás, é bem anterior ao ano em que os nazistas passaram a perseguir os judeus residentes em Bruxelas.

Apesar de seu livro ter, desde o início, levantado suspeitas, a confirmação de que ele foi em grande parte inventado causou espanto, porque a farsa que a autora sustentou por nada menos que onze anos tanto era uma atitude literária quanto compunha sua imagem social junto a editores, a comunidade semita e até amigos. Mesmo tendo sido desmascarada, a autora não admitiu que suas memórias fossem fruto de uma invenção deliberada. Segundo Monique, depois de seus pais terem sido presos e sua guarda entregue ao avô e ao tio, ela passou a ser chamada de "filha do traidor", por seu pai ter sido acusado de delator. Embora não fosse judia, Monique declarou "sentir-se" como tal. Por isso, segundo ela, seu livro ainda mantém uma verdade emocional: "O livro é uma história, a minha história", declarou. "Não é a verdadeira realidade, mas a minha realidade. Há momentos em que eu acho difícil diferenciar a realidade do meu mundo interior".[7] A autora acusou seu editor de oportunismo e de a ter convencido a publicar sua ficção como um livro de memórias, o que não passa de mais uma de suas histó-

7. "The book is a story, it's my story (...) It's not the true reality, but it is my reality. There are times when I find it difficult to differentiate between reality and my inner world". In Lindesay Irvine, "Nazi flight memoir was fiction, author confesses", op. cit.

rias: na verdade, a mitômana Monique já sustentava a farsa muito antes de publicar seu livro, tendo-a relatado como sua, inclusive, numa sinagoga.

A exemplo desse caso escandaloso de fraude autoral, outras falsificações chamaram a atenção na Europa e nos EUA.

Em 1992, um suposto descendente de judeus publicou, sob o pseudônimo de Binjamin Wilkomirski, *Fragments*, livro que narra suas supostas experiências como um menino de quatro anos num campo de concentração nazista na Polônia. Mais tarde, Wilkomirski revelou ter passado a infância, durante o período da Segunda Guerra, na Suíça.

Recentemente, Laura Albert fingiu ser o autor J. T. LeRoy, supostamente o filho viciado de uma prostituta. Um grupo de jornalistas australianos também acusou Ishmael Beah, autor das memórias traduzidas para o português como *Muito longe de casa*, de distorcer sua vida como um menino soldado em Serra Leoa. Já Bernard Brougham, sob o pseudônimo de Holstein, autor de *Stolen Soul*, de 2004, relatou ser um sobrevivente do Holocausto, e foi tão longe com sua história a ponto de fazer uma tatuagem similar à dos prisioneiros dos campos de concentração, na tentativa de conferir autenticidade a seu livro.

A conhecida apresentadora de TV, Oprah Winfrey, viu-se, por duas vezes, envolvida em casos de fraude autoral. Em 2006, o volume traduzido como *Um milhão de pedacinhos*, de James Frey, foi escolhido para compor seu popularíssimo clube do livro, e mais tarde se descobriu que a história não era completamente verdadeira. Dois anos depois, Margaret B. Jones, autora de *Love and Consequences*, elogiado pela *Oprah Winfrey Magazine*, reconheceu que as memórias de uma suposta órfã, mestiça de nativos americanos e brancos num bairro predominantemente negro de Los Angeles, nos anos 1980, não passam de pura ficção. Jones teria sido transferida de um lar adotivo a outro durante a infância, entrado para o mundo das drogas aos 13 anos, ganho seu primeiro revólver aos 14 e sido violentada. Suas memórias, narradas do ponto de vista da menina – note-se o padrão, da vítima, portanto –, foram muito bem recebidas nos EUA, não apenas por reproduzir a gíria dos guetos de L.A., ou pelo elogiado trabalho de descrição realizado pela autora, mas sobretudo por contarem a história de reinserção social de uma órfã traficante de drogas que deixa o subúrbio para se formar na Universidade de Oregon. Jones, que concretiza o sonho de superação americano, é na verdade Margaret Seltzer, uma mulher branca, hoje na casa dos 50 anos, e que viveu com seus pais biológicos de uma família de classe média. Ela foi denunciada pela própria irmã, que se surpreendeu com um perfil da autora no *The New York Times* e decidiu revelar a verdade ao jornal.[8]

Esse apanhado de fraudes autorais, que só aumenta ano após ano, expõe um mecanismo perverso de produção e circulação da *literatura de mercado* contemporânea, que não se deve confundir, portanto, com a noção de disfarce. Em outras palavras, a noção de *fraude* aplica-se melhor à *literatura de mercado*, voltada a um público ávido

8. Para uma resenha detalhada e positiva do livro, anterior à descoberta da fraude, cf. Michiko Kakutani, "However Mean the Streets, Have an Exit Strategy" [26 fev. 2008], disponível em <https://nyti.ms/2AHzTYj>, acesso em 22 nov. 2017. Ainda no *The New York Times*, a revelação do embuste, publicada na semana seguinte, pode ser consultada em: Motoko Rich, "Gang Memoir, Turning Page, Is Pure Fiction" [4 mar. 2008], disponível em <https://nyti.ms/2QgwLYV>, acesso em 22 nov. 2017.

por histórias reais. Mais do que isso, ela nos permite adotar um ângulo pouco comum para discutir um dos temas centrais da moderna teoria literária: o binômio presença / ausência do sujeito na escrita.

III. OS MUNDOS DE MENTIRA E AS REAÇÕES À SUA DESCOBERTA

A última fraude autoral por que passamos, de Seltzer (Jones), a jovem de classe média residente em Los Angeles que se fez passar por órfã e mestiça de índios e brancos, provocou uma reação significativa na sociedade americana. A editora Riverhead Books, um selo da Penguim, recolheu 19 mil cópias do livro, pediu desculpas aos leitores e cancelou uma turnê da autora. Além disso, a editora ofereceu a devolução do dinheiro aos seus leitores. Também a *Oprah Winfrey Magazine* reviu seus elogios a *Love and Consequences* e o reclassificou como ficção.

É interessante constatar que desde o escândalo com Frey, cujas memórias são parcialmente reais, as editoras passaram a checar melhor a veracidade dos relatos, e que, paralelamente, os escritores passaram a aperfeiçoar seus embustes. No caso de Seltzer (Jones), a escritora teria apresentado à editora falsos irmãos adotivos, um suposto professor e um escritor, além de fotos e cartas que comprovariam seu envolvimento com gangues. E, no entanto, sua história foi integralmente fabricada.

Revelada a farsa, Seltzer argumentou que seu livro, baseado na convivência com ex-drogados durante um trabalho de prevenção e combate às drogas em Los Angeles, era uma oportunidade para dar voz a essas minorias, discriminadas pela sociedade.[9]

A exemplo de Misha, Jones usava uma *persona* na vida real, e seus colegas acreditavam que ela realmente havia crescido em lares adotivos de famílias negras no subúrbio de Los Angeles. Durante os três anos de contato com Ms. McGrath, sua editora, Jones, até então a desconhecida frequentadora de uma oficina literária, não levantou a menor suspeita sobre a veracidade da história. Depois de publicado o livro, a verossimilhança da narrativa convenceu também a jornalista Mimi Read, que publicou um perfil de Jones (isto é, tal como ela o construiu) no prestigiado *The New York Times*.

Em 2006, na época do escândalo que envolveu o livro de James Frey – o ponto inaugural dessa onda de descoberta de *ficções biográficas* –, Meghan O'Rourke escreveu um artigo questionando o tratamento dado a esses livros pelas editoras, que, muitas vezes, mesmo antes de serem descobertos como fraudulentos, são reeditados com notas de advertência a respeito da alteração de nomes e fatos, como ocorre com o livro de Frey. A seu ver, ao invés de essas notas funcionarem simplesmente como precaução para evitar que seus editores sejam processados, o que elas na verdade "esclarecem" é que em alguma instância aquelas personagens e aqueles fatos narrados são baseados em personagens e fatos reais. Ou seja, o que no caso de um processo judicial garantiria a ficcionalidade do relato, até então funcionava como um atestado de veracidade, sugerindo ao leitor uma leitura biográfica

9. Outro artigo consultado sobre a repercussão da fraude autoral de Seltzer (Jones) é Carol Memmott, "Author´s 'Love and consequences' memoir untrue" [3 mai. 2008], disponível em <https://bit.ly/2yL3gaF>, acesso em 22 nov. 2017.

do texto. Por esse motivo, O'Rourke considera que seria mais apropriado tratar esses autores como escritores que se apropriaram da licença poética para fantasiar sobre algum nível de experiência pessoal. Que não se trata, portanto, de livros de memórias, tampouco ficcionais, mas de um produto híbrido, que ela sugere reclassificar, não sem certa dose de ironia, como "real ficction".[10] Note-se, a propósito dessa expressão, que, quando são flagrados em delito, os autores das fraudes autorais muitas vezes adotam em defesa própria justamente o discurso da teoria literária, que relativiza os limites entre ficção e realidade.

O uso da ficção num livro de memórias ou numa autobiografia não causa estranhamento desde que ela seja empregada para reforçar, intensificar, reavivar a visão dos fatos. Pode-se dizer que a ficcionalização é aceitável nesses casos, conquanto não desabone o caráter de depoimento que se pode atribuir à narrativa.

Narrar, mesmo que se trate de reportar uma experiência real, recuperada pela memória, é já conferir sentido, significa acrescentar algo ao vivido – o que implica, portanto, a realização de operações ficcionais.

Feitas essas ressalvas, cabe considerar que os casos relatados na parte anterior deste ensaio são considerados fraudulentos não por serem de narrativas de memórias ou autobiografias que se valeram do expediente ficcional em sua realização, uma vez que este é, conforme ponderamos, intrínseco à arte narrativa. Antes, será mais adequado considerar que, nesses casos, a ficcionalização não

---

10. Cf. Meghan O´Rourke, "Lies and Consequences: Why are book editors so bad at spotting fake memoirs?" [4 mar. 2008], disponível em: <https://bit.ly/2Rt6YfZ>, acesso em 22 nov. 2017.

atua como um *recurso*, e sim como um *substituto* sistemático da memória. Ela participa arbitrariamente da narrativa. E ali se mantém como elemento oculto: nas *fake memoirs*, o dado ficcional jamais deve ser encarado como tal.

É verdade que caracterizar esse tipo de narrativa como fraude significa indicar um desvio no *processo* de escrita; a fraude não toca, em princípio, o que entendemos por literário, não diz respeito ao resultado obtido, e sim ao seu *modus operandi*. Mas essa é uma impressão falsa: num livro de memórias, é preciso considerar que esse processo não é um dado anterior à experiência de leitura; ao invés disso, ele vem exposto no texto, como aquelas enormes estruturas de aço que se exibem aos olhos, do lado de fora dos edifícios. Num livro de memórias, a memória é para ser vista, como uma cicatriz que expõe as marcas de contato com o mundo.

O leitor que procura essa relação, no lugar de simplesmente se ater credulamente à fabulação, não é o leitor que melhor contribui para as "memórias" de Misha e Jones. Isso porque suas escritas projetam como leitor ideal o mesmo leitor de uma narrativa de ficção, isto é, um sujeito menos interessado no mundo do que em firmar um *pacto ficcional* com o autor. O caráter fraudulento desse tipo de narrativa reside, desse modo, na inadequação de seus recursos ao gênero a que ela se vincula, uma vez que somente a encarando como um romance, e não como um livro de memórias, é que o leitor se sentiria plenamente desencorajado para uma averiguação factual. Averiguação esta que poria a perder o caráter supostamente experiencial da narrativa.

O *abuso do ficcional*, nesses casos, atua como um elemento estranho ao gênero, porque no lugar de simplesmente intensificar experiências embaçadas pelo tempo e produzir engates entre fragmentos de memória, superdimensiona a fabulação. São fraudes, portanto.

IV. REVENDO O LUGAR DO SUJEITO EMPÍRICO DA ESCRITA

O fato de esses autores terem se desculpado publicamente por seus livros, ou atribuído sua concepção a iniciativas dos próprios editores, significa que assumem como moralmente condenável sua ficção biográfica.

É, de resto, bastante provável que essas fraudes tenham sido motivadas por oportunismo, funcionando como "jogadas de marketing" para a inserção desses autores no mercado editorial. A discussão sobre as *fake memoirs* dificilmente pode desconsiderar que se trata de um "gênero" consonante a uma gorda fatia dos mercados editoriais americano e europeu. Vivemos tempos em que os artistas fazem pesquisa com o consumidor para identificar tendências de mercado.

Mas o que deve chamar a nossa atenção não são as motivações. Não cabe a nós questionar se, por exemplo, o autor agiu de má fé. Esse e outros tipos de especulação resultariam em matéria para psiquiatras e juristas. O que nos parece realmente significativo do ponto de vista literário é, mais propriamente, discutir as reações a esses embustes.

Tais reações permitem afirmar algo aparentemente inadmissível até hoje para qualquer crítico que não postule raça, nacionalidade, classe social, etnia, sexo ou conduta sexual como motivações suficientes em si mesmas para avaliar a literatura. Permite-nos compreender, afinal, que mesmo o autor tomado como sujeito biográfico não é um dado exterior à leitura. Esse é o nervo teórico desta reflexão.

Para perseguir essa ideia, proponho uma pergunta hipotética que tende a colocar em xeque as nossas impressões (ou certezas) sobre os fatos mencionados: em que resultaria o livro de memórias de um esquizofrênico? E, como decorrência desta: seria plausível acusar seu autor de faltar com a verdade?

Essa suposição permite esclarecer que os leitores de Defonseca, Jones, Frey, Wilkomirski e Holstein, uma vez desvendadas as farsas biográficas dos responsáveis pelas obras, não reclamaram uma outra história (esta foi perfeitamente aceita até a revelação de sua farsa autoral); eles acusaram a ausência repentina de um autor cuja imagem lhes acompanhou durante a leitura e conferiu credibilidade a uma história. Eles reclamaram um outro autor. Foi essa ausência que implicou um desfalque na experiência de leitura.

É preciso ponderar a esse respeito. Não resta dúvida de que o editor disposto a devolver o dinheiro desses leitores acredita que vendeu um produto não simplesmente danificado, mas falsificado. Em bom português, ele entende que seu consumidor "levou gato por lebre". Mas notemos que, para esses leitores, o que lhes foi retirado não foi exatamente o produto, e que esse produto, na prática, não apresenta nenhum defeito de fabricação; ele tem exatamente o número de páginas que deveria ter, a capa apresenta as cores e a definição corretas, as palavras continuam todas ali etc. O que lhes foi retirado foi o valor simbólico, a possibilidade de usá-lo da maneira como ele sugeria que se fizesse. E esse valor simbólico não pode ser compreendido como algo exclusivamente fornecido pelo texto. O que conferia sentido a esses livros era a sua relação com a biografia de seus autores, a possibilidade de creditá-los como histórias reais. Autor e escrita estavam mutuamente implicados.

Ora, mas se esses leitores leram essas memórias como legítimas, e só depois elas foram desvendadas como ficcionais ("ilegítimas", a seus olhos), não lhes foi propriamente tirada a possibilidade de uma leitura; o que surgiu foi, a rigor, uma alternativa: a de realizarem uma outra leitura, a de conferirem um outro sentido aos textos. E se, mesmo assim, essa alternativa não lhes pareceu realmente um ganho, seja aos olhos desses leitores, seja aos olhos de seu editor, é porque o efeito que o desmascaramento autoral produziu sobre eles foi somente o de deslegitimar a leitura que fizeram. Devolver-lhes o dinheiro significa, por mais absurdo que isso possa parecer, dizer que o prazer que tiveram durante a leitura foi equivocado, que não foi um prazer real, que eles, afinal, estavam errados.

De modo um tanto irônico, livrarias americanas passaram a vender biografias do ciclista Lance Armstrong, banido do esporte por *doping* depois de ter vencido por sete vezes o *Tour de France* e ter saído vitorioso na luta contra o câncer, nas prateleiras de textos ficcionais. Assim como ocorre com Armstrong, se Monique De Wael não espelha mais o que a protagonista de *Misha: A Mémoire of the Holocaust Years* viveu, e, por isso, essa leitura perde completamente o interesse, temos uma constatação empírica de que o autor não é uma entidade exterior ao texto; ele está presente no ato de leitura.

Quando nós, do alto de nossas plataformas acadêmicas, defendemos que não faz diferença se o sujeito empírico que escreve viveu ou não a história que garante ter vivido, que isso não muda em nada a história, porque, afinal de contas, esta passou a ter uma vida própria na imaginação do leitor, fazemos isso fingindo-nos leitores apartados do mundo real, sem nos darmos conta do cinismo intelectual do argumento. Provavelmente, a maior parte das pessoas que defendem esse ponto de vista não é suficientemente radical para conferir legitimidade à assombrosa corrida que o, alguns anos antes, mediano atleta canadense Ben Johnson realizou, em 1988, nas Olimpíadas de Seul, sob efeito de uma poção mágica chamada estanozolol. Ao invés disso, essas pessoas sentiram-se enganadas e aliviadas ao saber que o falso super-homem das pistas teve sua aposentadoria antecipada ao ser banido do esporte.

Sempre haverá um exemplo flagrante em nossas consciências de que importam, sim, as condições em que uma obra é realizada. A estética não sobrevive à ética.

Considerando a situação pelo prisma mercadológico (fortemente presente, afinal, na recepção literária da contemporaneidade), a imagem de um sujeito empírico testemunhal fornece uma orientação aos leitores que se estabelece desde a confecção da capa até as estratégias de marketing usadas para a divulgação do livro. Tudo isso alimenta expectativas no leitor, que é, antes de mais nada, um consumidor daquele objeto, e que, portanto, pretende usá-lo com um mínimo de controle sobre suas finalidades. A literatura, uma vez inserida na sociedade de consumo, depara-se com a mesma exigência dos demais produtos circulantes – a de oferecer uma garantia a seus leitores.

Quando a verdadeira identidade de Misha foi revelada, o que com ela se revelou não foi exatamente um outro livro, mas um outro modo de ler o mesmo livro – um modo, aliás, imprevisto por seus editores, impossível de ser avaliado e, por conseguinte, rebelde à sua inserção no mercado. Uma analogia interessante pode ser feita com o mercado de arte: a mesma tela pode valer "X" se atribuída a Rembrandt, "X/10" se atribuída a algum pintor do seu círculo, ou "X/100" se for considerada uma falsificação. Seu valor é diretamente dependente do estabelecimento de sua autoria. Por quanto será multiplicado o valor de mercado das duas pequenas esculturas em bronze escuro, atualmente expostas em Cambridge e atribuídas ao escultor holandês Willem Danielsz Van Tetrode, se confirmada a sua real autoria a Michelangelo? E como elas passarão a ser reavaliadas artisticamente?

Vamos extrapolar esses exemplos, rumo à ficção.

É bastante sensível que, embora haja uma diversidade enorme entre escritores como Marinetti, Cendrars, Apollinaire, Mário de Andrade, Hemingway, Pasolini ou Vargas Llosa, por exemplo, todos eles foram homens de ação, que projetaram sobre sua escrita uma excitação pelo mundo que é comum entre si, e ao mesmo tempo bastante diferente daquela força predominantemente meditativa que escritores como Proust, Pessoa, Eliot, Drummond, Lispector ou Borges conferiram a seus textos. Essa impressão, evidentemente, deve-se em grande parte ao teor próprio dos textos desses autores, mas seria insensível postular que ela não tenha relação com as imagens sociais projetadas por quem os escreveu. Se alguns escritores procuram apagar seus traços biográficos para ressaltar aqueles estritamente literários, em outros é virtualmente impossível separar o campo artístico do biográfico. O apreço que por muito tempo se alimentou pelo teatro de Plínio Marcos, no Brasil, não estava dissociado (e ainda não está) de sua posição política e de sua figura percorrendo as filas dos teatros para vender seus livros, numa sacola a tiracolo, durante os anos de chumbo. O mesmo se pode dizer da ausência misteriosa e ao mesmo tempo magnética da figura autoral de Dalton Trevisan. Personalismo? Não confundamos. As obras de ambos se compõem em parte dessas imagens autorais, e estas se tornam mais nítidas à luz dessas obras. Trata-se de uma simbiose, não de uma binariedade.

Notemos que é também possível afirmar que mesmo a leitura de um texto de autoria desconhecida, ou anônima, ou apagada (penso em Mallarmé), leva em conta essa ausência como um espaço a ser preenchido ou, no último caso, que não deve ser preenchido (o que atesta, de resto, sua presença como um proibitivo). Mesmo o anonimato é uma marca presente no ato de leitura.

Quantos leitores não abandonaram um escritor devido às suas posições políticas ou à sua conduta social, ou, ao contrário, quantos de nós não passamos a ler um escritor justamente privilegiando esses critérios – depois de assistir a uma entrevista sua, por exemplo? Não é, na verdade, em grande parte das vezes, a imagem social ou cultural de um autor contemporâneo o que nos cativa e nos convida a iniciar uma leitura? E não é, precisamente, consciente disso e das possibilidades de lucro que a exploração dessa imagem pode gerar, que seu editor comercializa essa imagem?

Entre os fenômenos literários mundiais que melhor exemplificam esse processo está o escritor e intelectual italiano Umberto Eco. Os leitores de Eco são realmente capazes de abstrair da leitura que realizam a imagem autoral mundialmente projetada do intelectual inteligente, acessível e bem-humorado, cujo interesse e contribuição vão desde os quadrinhos e a alta tecnologia até a estética tomista e a história dos templários? A leitura não exerce um efeito justamente oposto a essa suposta separação, isto é, o de complementar essa imagem a cada novo passo, a cada nova descoberta que seus leitores fazem de suas personagens? Se supusermos que hoje fosse revelado que os romances atribuídos a Eco são, na verdade, de uma discreta senhorinha italiana, que depois de se aposentar como costureira resolvera escrever romances, não nos veríamos quase que condenados a refazer nossas leituras de *O nome da rosa* e *O pêndulo de Foucault*? E não seriam, mesmo, experiências diferentes reler esses romances projetando sobre si a imagem dessa nova, e inusitada, autora empírica?

É um privilégio poder iluminar essa suposição com o conto "Pierre Menard, autor do *Quixote*", de Jorge Luis Borges, autor de alguns dos mais curiosos exercícios intelectuais da literatura moderna. No texto do escritor argentino, Menard teria reescrito os capítulos 9 e 38 do Livro I da obra de Cervantes, e, ao reescrevê-los, o teria feito de forma idêntica ao original. Apesar disso, ao confrontar dois fragmentos perfeitamente idênticos, o narrador borgeano os considera totalmente diferentes. E, através dessa confrontação aparentemente absurda, algo se revela: "o texto de Cervantes e o de Menard são verbalmente idênticos, mas o segundo é quase infinitamente mais rico. (Mais ambíguo, dirão seus detratores; mas a ambiguidade é uma riqueza.)".[11] O deslocamento temporal dos textos, conquanto permaneçam idênticos, recompõe seu sentido para além do previsto no original. Quando Cervantes escreve: "... a verdade, cuja mãe é a história, êmula do tempo, depósito das ações, testemunha

11. Jorge Luis Borges, "Pierre Menard, autor do Quixote", in *Ficções* (tradução de Davi Arrigucci Jr.), São Paulo, Companhia das Letras, 2007, p. 42.

do passado, exemplo e aviso do presente, advertência do futuro", esse trecho não parece fazer mais, aos olhos do narrador borgeano, do que uma enumeração que consiste num "mero elogio retórico da história".[12] Em contrapartida, o mesmo trecho (citado novamente no conto, *ipsis litteris*), mas agora atribuído a Menard, acena-lhe um sentido completamente diferente:

A história, *mãe* da verdade, a ideia é assombrosa. Menard, contemporâneo de William James, não define a história como uma indagação da realidade, mas como sua origem. A verdade histórica, para ele, não é o que aconteceu; é o que julgamos que aconteceu. As cláusulas finais – "exemplo e aviso do presente, advertência do futuro" – são descaradamente pragmáticas. Também é vívido o contraste de estilos. O estilo arcaizante de Menard - estrangeiro, afinal – padece de alguma afetação. Não assim o do precursor, que maneja com desenfado o espanhol corrente de sua época.[13]

A atribuição de uma nova autoria encerra, em si mesma, um novo sentido para o texto. *O nome da rosa* escrito por nossa hipotética costureira aposentada seria já um outro romance.

A expressão "ler Umberto Eco" é mais do que uma metonímia. Sem desfazer esse preconceito teórico, continuaremos fingindo que lemos apenas pelas palavras que se encontram no papel, como se elas não nos conduzissem para nada que estivesse para além daquele retângulo branco, e como se esses mundos além-margem não fossem capazes de povoar de peixes esse exíguo aquário.

---

12. Ibid., pp. 42-43.

13. Ibid., p. 43. O leitor notará que citei e tratei do mesmo trecho de Borges no capítulo 1. À parte o fato de que o trecho mereça ser relido, terminei por emular Borges: o mesmo trecho, aqui, já adquire, afinal, outro sentido.

O autor está realmente presente no ato da leitura, e não me refiro, neste momento, ao "autor implícito", que pode ser depreendido ali por indícios, e que reclama, por sua vez, um "leitor modelo". Essas expressões mantêm a discussão ainda no plano textual, e são, decerto, mais do que pertinentes. Mas, neste momento, o que é necessário afirmar é algo muitíssimo mais simples do que isso, e talvez por isso mesmo mais radical também para nós, que estamos habituados aos conceitos e muitas vezes a malabarismos teóricos cada vez mais complicados: quando lemos *O nome da rosa*, o que procuramos, em certa medida, é nos aproximar do Umberto Eco autor empírico, aquele senhor sorridente que circulava por Bologna e era chamado de "il professore". E fazemos isso não porque nutrimos especial simpatia por sua figura, mas porque ela se estende ao universo próprio que ele tateou e transformou com suas ideias, olhares e emoções. E porque esse universo os transformou conjuntamente. Fazemos isso porque esse senhor, que por vezes acompanha nossas leituras espiando por uma pequena foto nas orelhas dos volumes, tem sempre algo a acrescentar sobre o que está dito, e porque o que está dito tem, reciprocamente, algo a dizer a seu respeito.

Se, no entanto, para o leitor não italiano, Umberto Eco for fundamentalmente o autor de *O nome da rosa*, basta pensar em casos nacionais: é pouco provável que o leitor brasileiro dos romances de Chico Buarque de Hollanda deixe de pensar na figura de seu autor como um compositor consagrado. Tanto o valor de mercado desses romances, medida por sua tiragem, quanto algo do efeito de sentido que se atribui a eles dependem diretamente dessa imagem autoral.

Quando lemos os contos e romances de Tolstói, como nos mantermos desinteressados sobre as censuras que ele fez à medicina de sua época e sobre suas utopias sociais e religiosas, e que depois ficou conhecido como "tolstoísmo"? Não serão legítimas essas curiosidades? E elas não devolverão ao texto sentidos suscitados por ele? Por que, afinal, deveríamos encarar como um dever do leitor diante do texto ser míope a todo o resto que se mantém ao seu redor, se o próprio texto não o faz?

Quando lemos "O nariz", de Gógol, estando cientes de que o autor o escreveu já num estágio avançado de sua progressiva doença mental – cientes, afinal, de que ele realmente percebera seu nariz fora do corpo –, não fazemos uma leitura bastante mais grave de seu conto do que a daquele leitor que, desconhecendo o dado, prefere encarar o fantástico episódio como "ficcional", simplesmente? Afinal, Gógol, como Monique De Wael (Misha Defonseca), acreditava em sua mentira. E se uma dessas leituras tiver que ser (porque não tem que ser) declarada preferível à outra, a primeira não levaria vantagem sobre a segunda, por ser a mais inclusiva e informada?

Não se trata de reduzir essa relação à curiosidade, de resto legítima, sobre o que há de documental num texto literário; e isso simplesmente porque a imaginação de um escritor é a parte fundamental de sua biografia. Reconhecer esse seu aspecto significa reconhecer que a leitura está longe de ser uma experiência solitária, apartada do mundo.

Ela é, antes, a transformação desse mundo enraizado em fatos no universo mais livre e flutuante das possibilidades.

V. PARA ALÉM DO RISCO ROMÂNTICO

É claro que não seria possível afirmar de uma maneira tão francamente aberta que a leitura é uma atividade dialógica que inclui o autor, sem supor que já nos desvencilhamos da crítica explicativa e das ilações psicobiográficas que resultavam em abordagens redutoras, limitadoras do alcance e da magia do texto literário. E talvez ainda não seja o caso de defendê-lo para alguém que não esteja realmente familiarizado com as sólidas contrapartidas a esse respeito, e que incorra desavisadamente em raciocínios causalistas para tentar justificar o que leu. Pessoalmente, também evitaria insistir nesse ponto diante de professores que mantêm um arsenal de argumentos prontos para serem disparados diante de qualquer brecha causalista, simplesmente porque eu compartilho desses argumentos, e apenas não vejo como eles possam ser aplicados para o que venho defendendo. Penso, por outro lado, nos nossos alunos iniciantes, a quem caberá primeiramente dizer que há um bom tempo a teoria literária empenhou-se num processo de recusa sistemática do autor como tutor do sentido do texto, tarefa que parece ter diminuído sensivelmente as possibilidades de equívoco explicativo e que, por outro lado, pelos exageros que cometeu, tornou o texto bastante mais insípido.[14]

A confusão mais importante a se evitar nesse processo de retomada do eu empírico é a de identificá-la com uma visão romântica de literatura, isto é, que pressupõe

---

14. Veja-se, a esse respeito, a *mea culpa* de Todorov, a partir do balanço histórico que propõe de sua fase estritamente formalista, que traduz como uma "maneira ascética de falar da literatura". *A literatura em perigo*, (tradução de Caio Meira), Rio de Janeiro, Difel, 2009, p.31.

a transparência do sujeito, o que permitiria ao crítico ler o texto como *expressão* do conteúdo do eu criador. Isto porque é próprio dessa perspectiva confundir o eu lírico ou o narrador com o sujeito empírico anterior à escrita.

A concepção de emissores autônomos com relação ao eu empírico nasce da crise filosófica do sujeito no século XIX, que encontra em Nietzsche, e sua concepção de uma arte livre de subjetividade, uma referência fundamental. A vinculação da ideia de "máscara" ao sujeito artístico é caracteristicamente nietzscheana e está associada ao ideal baudelairiano de uma poesia impessoal, à afirmação rimbaudiana de uma poesia objetiva, em que o "eu é um outro", e ao projeto mallarmaico do desaparecimento do sujeito como locutor. Estes autores compõem um ideário estético que, em síntese, reage aos excessos da sensibilidade romântica. Sua obscuridade simbolista pode ser compreendida como a busca da destruição dos dados referenciais e do sujeito empírico.

No âmbito da teoria da literatura, já em 1916, Oskar Walzel falava em *desegotização* da poesia moderna.[15] Em nome da lógica interna da obra, Walter Benjamin, em 1922, em seu ensaio sobre Goethe, "Afinidades eletivas", defendia a adoção do conceito de obra como *produto* e não como *expressão* de um indivíduo. O "eu lírico" e o "narrador" não são um eu em seu sentido empírico, mas o que podemos chamar de *a forma de um eu*, ou seja, uma criação de ordem mítica. A despersonalização do sujeito está estreitamente vinculada à desrealização do mundo na arte moderna, um movimento mais geral de abstra-

15. Apud Dominique Combe, "La référence dédoublée, le sujet lyrique entre fiction et autobiographie", in *Teorías sobre la lírica.* Figures du Sujet Lyrique (organização de Dominique Rabaté), Paris, PUF,1996, p. 136.

ção que recebe de Hugo Friedrich, em seu *Estrutura da lírica moderna*,[16] aquele que talvez seja seu mais conhecido corolário. Em "Introduction à l'analyse structurale des récits", Barthes esclarece uma importante distinção a esse respeito: "o autor de uma narrativa em nada pode ser confundido com seu narrador".[17] De resto, era esta a pedra de toque da narratologia francesa, que encontrou em Genette, em *Figures III* (1972), seu principal articulador conceitual. Naquele contexto de debates e formulações, a identificação entre autor e narrador correspondia não menos do que a um erro grosseiro; o narrador seria, antes, uma criatura fictícia, como as demais personagens, mas a quem é atribuído o papel de instância produtora do discurso.

Não é aqui o momento de retomar a fundo essas distinções de base.[18] Mas depois de feito este longo e fundamental percurso, que por certo poderia se deixar orientar ao sabor das análises mais particularizadas, eu gostaria de insistir na ideia de que se esse autor (e, com ele, o mundo) *não explica* o texto, isso não significa que ele desapareça durante a leitura. Esse desaparecimento é, na verdade, de outra ordem. Ele está associado a um retoricismo desinteressante, que, em nome de um rigor exagerado, tem alimentado abordagens nominalistas e tecnicistas, que, justamente ao isolar o texto da realidade, afastam os estudantes do prazer, e, portanto, do interesse pela leitura.

---

16. Hugo Friedrich, *Estrutura da lírica moderna* – da metade do século XIX a meados do século XX, tradução de Marise M. Curioni, São Paulo, Duas Cidades, 1978.

17. Roland Barthes, "Introduction à l'analyse structurale des récits", *Communications*, n. 8, Paris, 1996, pp. 238-241.

18. Cf. o capítulo 1.

A presença do autor, tal como eu gostaria que fosse considerada, é abordada numa conferência ministrada em 2006, na Universidade de Oklahoma, pelo ganhador do prêmio Nobel de 2007, o romancista turco Orhan Pamuk. Em meio a questões políticas, contas a pagar, telefones tocando e reuniões de família, "durante aqueles dias longos e tediosos de politicagem", explica o romancista, "eu não conseguia me tornar o autor implícito do livro maravilhoso que queria escrever".[19] O uso que Pamuk faz da expressão com a qual estamos habituados revela o descentramento constitutivo do escritor: "(...) dediquei todas as minhas forças a me tornar o autor implícito dos livros que quero escrever". Aquele mesmo autor, penso eu, que Saramago encontrou em si em seu refúgio em Lanzarotte, e que Bergman descobriu, serenamente, na misteriosa ilha de Farö.

O escritor não é simplesmente um indivíduo que escreve, mas um indivíduo capaz de *se transformar* em alguém que escreve, ainda que esse outro continue assinando "Pamuk", "Eco" ou "Pessoa" e se apresente com as mesmas feições dos sujeitos empíricos que pagam suas contas e atendem ao telefone. É preciso compreender que essa assinatura é já algo diferente daquela com que esses indivíduos preenchem cheques e dão autógrafos, mas que, ao mesmo tempo, ambas se correspondem, num jogo de empréstimos e indeterminações. E isso se dá porque a escrita é uma prática tão empírica quanto as dezenas de outras práticas aparentemente menos relevantes que ela. Ela só pode ser considerada como à parte do mundo

---

19. Orhan Pamuk, "O autor implícito", in *A maleta de meu pai* (tradução de Sergio Flaksman), São Paulo, Companhia das Letras, 2007, pp. 89-90.

real se a nossa concepção de realidade se resumir às nossas necessidades primitivas e aos hábitos entediantes. O sujeito empírico, entre os muitos sujeitos empíricos moventes que povoam o nosso dia a dia, é também aquele que escreve. E por que ele deveria se resumir ao homem entediado que paga as contas e atende a telefonemas é que não se pode explicar. Se houvesse a necessidade de escolher entre eles, não seria o autor implícito o eleito?

O direito à fantasia não é o direito de renunciar à vida, pelo contrário: é o direito de fazer parte dela como um ser transformador.

Se não houvesse essa correspondência, quando Monique De Wael passa a assinar como Misha Defonseca, ela não estaria contando uma mentira, mas assumindo Misha como sua autora implícita; como algo, afinal, absolutamente necessário. Do mesmo modo, para Margaret Seltzer escrever *Love and Consequences*, antes ela teve de descobrir uma Margaret Jones que pudesse dar voz àquele livro e com a qual sonhava, mas que, sem ela, não poderia escrever. Defonseca é Wael, como Jones é Seltzer, dado que estas são autoras implícitas extraídas, ou descobertas, nesses indivíduos. Mas o gênero memorialístico força a aproximação entre essas *personae*, a ponto de se poder presumi-las como sendo uma só. A distância entre a porção do indivíduo que não escreve e aquela que escreve, o autor implícito, deve ser, por definição, a menor possível. Nesse âmbito, Defonseca só pode dizer Wael na medida em que uma mentira diz quem a contou. Seltzer e Jones possivelmente jamais escreveriam suas memórias (não antes do escândalo que, agora, ironicamente, passou a alimentá-las).

O que parece mais interessante e significativo nessas "fraudes" é que essas escritoras produziram exatamente o oposto do que um escritor costuma fazer, ou seja, não um autor implícito que guarda traços do indivíduo gerador, mas um indivíduo que se reconstrói à imagem e semelhança do autor implícito que ele criou. Elas, afinal, se deixaram penetrar pelas fábulas que produziram a ponto de assumirem para si o mito da própria escrita. Foi dessa ousadia extraordinária que resultou sua condenação: num livro de memórias, é sempre a arte que imita a vida, a vida está proibida de imitar a arte.

O contrário disso, a criação de um autor implícito que guarda inevitavelmente traços de seu indivíduo gerador, é descrito com esclarecedora simplicidade por Pamuk, que, depois de constatar já ter publicado sete romances, afirma:

> Todos esses sete autores implícitos se parecem comigo, e ao longo dos últimos trinta anos entraram em contato com a vida e o mundo como são vistos de Istambul, como são vistos de uma janela como a minha, e, já que conhecem esse mundo de dentro para fora e se deixaram convencer por ele, são capazes de descrevê-lo com toda a seriedade e responsabilidade de uma criança quando brinca.[20]

A relação entre leitor e autor implícito pode ser definida como a relação que se estabelece entre leitor e autor exclusivamente no ato da leitura. E ela é, a bem da verdade, essencial: nós e os leitores de outras Defonseca e Jones estamos sempre à sua procura. Mas a magia da ficção consiste em situá-la num plano já muito diferente daquele em que nos situaríamos se tivéssemos a felicidade de simplesmente conversar com o autor e ouvi-lo a respeito do romance que tanto nos agradou. O autor enquanto determinação biográfica ou psicológica

20. Ibid., p. 91.

está morto. E nós só não voltamos a falar nessa entidade porque tememos que ela seja confundida com uma integridade coerente, plenamente racional e esclarecida, repleta de convicções imutáveis, e que armazena conteúdos prontos para serem derramados sobre a folha em branco. Nós não falamos mais dessa personagem, o autor, porque não concebemos a escrita como transparência que permite entrever a irrupção da interioridade profunda de um indivíduo. O receio de que a linguagem literária seja novamente reduzida a isso acaba por eliminar o autor de nossos discursos críticos. Mas nós não percebemos que evitá-lo significa ainda concebê-lo sob o prisma memorialístico ou romântico.

Resta, no entanto, um ser que habita para além da máscara narrativa e que não pode ser reduzido a ela. Um ser que, embora fraturado e desconhecido de si próprio, orienta a escolha desse narrador, que se disfarça nas falas das personagens, que maneja seus encontros e desencontros, que escolhe seus nomes, seus espaços e tempos, que distribui e retira ênfases da fabulação, que avalia, enfim, aquilo que o narrador nos conta e nos mostra, concordando e discordando dele a todo momento.

Esse *eu* que se entrevê no discurso está desalojado de uma instância real, na medida em que o que há de verdadeiro nele é uma implicação do enunciado. Mas, uma vez pronunciado, o enunciado do qual esse *eu* é objeto é também o enunciado do qual ele passa a ser o sujeito, novamente alinhado com o mundo. E o que é necessário compreender é que ele permanece ali, sujeito-objeto, em sua dimensão necessariamente equívoca, descontínua e imprevisível.

Ler não é simplesmente ouvir a voz do narrador e das personagens, mas reparar em como estão dizendo, para que fins são conduzidos. E esse olhar por detrás das máscaras não significa procurar o que veio antes delas (uma curiosidade meramente personalista); é, antes, virá-las do avesso (uma sugestão que se abre nas fendas e orifícios das próprias máscaras). Se o autor morto é aquele que para Freud e Sainte-Beuve se traía na escrita, é chegada a hora de repensá-lo como alguém ou alguma coisa que, a todo momento, como uma voz em surdina, *se deixa trair* nela. É dessa comunicação tácita que a literatura é feita.

Estamos já num plano diferente, e é preciso voltar a enxergar a relação outrora traumática entre o sujeito que escreve e aquele que lê não como algo proibitivo, mas como uma implicação mútua, constitutiva do que entendemos por *literário*. E isso é algo já muito distante da banalidade.

Bibliografia

AGUIAR E SILVA, Vítor Manuel de. *Teoria da literatura.* 3ª. ed. revista e aumentada. Coimbra: Livraria Almedina, 1973.

BARTHES, Roland. *O rumor da língua.* Tradução de Mário Laranjeira. São Paulo: Brasiliense, 1988.

______. Introduction à l'analyse estructurale des récits. *Communications*, 8, Paris, 1996.

______. *Aula.* Tradução de Leyla Perrone-Moisés. 7ª ed. São Paulo: Cultrix, 1997.

BENJAMIN, Walter. "Afinidades eletivas de Goethe". In *Ensaios reunidos: escritos sobre Goethe.* Tradução de Mônica Krausz Bornebusch, Irene Aron e Sidney Camargo. Supervisão e notas de Marcus Vinicius Mazzari. São Paulo: Duas Cidades; Editora 34, 2009.

BERARDINELLI, Alfonso. *Da poesia à prosa.* Organização e prefácio de Maria Betânia Amoroso; tradução de Maurício Santana Dias. São Paulo: Cosac Naify, 2007.

BLOOM, Harold. *A angústia da influência* – uma teoria da poesia. Tradução de Marcos Santarrita. Rio de Janeiro: Imago, 1991.

______. *O cânone occidental* – os livros e a escola do tempo. Tradução de Marcos Santarrita. Rio de Janeiro: Objetiva, 1994.

______. *Poesia e repressão* – o revisionismo de Blake a Stevens. Tradução de Cillu Maia. Rio de Janeiro: Imago, 1994.

______. *Gênio* – os 100 autores mais criativos da história da literatura. Tradução de José Roberto O´Shea. Rio de Janeiro: Objetiva, 2003.

BOOTH, Wayne C. *A Retórica da ficção.* Tradução de Maria Teresa H. Guerreiro. Lisboa: Artes e Letras/Arcádia, 1983.

BORGES, Jorge Luis. *Outras inquisições.* Tradução de Sérgio Molina. São Paulo: Globo, 1989.

______. *Ficções.* Tradução de Davi Arrigucci Jr. São Paulo: Companhia das Letras, 2007.

BRODSKY, Joseph. *Menos que um.* Tradução de Sergio Flaksman. São Paulo: Companhia das Letras, 1994.

CHALMERS, Vera Maria. "A crônica humorística de *O Pirralho*". *Revista de Letras*, v. 30. Unesp-Araraquara, São Paulo, 1990.

CHKLOVSKI, Vitor. "A arte como procedimento". In: *Teoria da literatura: formalistas russos.* Organização de Dionísio de Oliveira Toledo; tradução de Ana Mariza Ribeiro, Maria Aparecida Pereira, Regina L. Zilberman e Antônio Carlos Hohlfeld. Porto Alegre: Globo, 1971.

COMBE, Dominique. "La référence dédoublée, le sujet lyrique entre fiction et autobiographie". In: *Teorías sobre la lírica. Figures du Sujet Lyrique.* Organização de Dominique Rabaté. Paris: PUF,1996.

______. "A referência desdobrada. O sujeito lírico entre a ficção e a autobiografia". Tradução de Iside Mesquita e Vagner Camilo. In *Revista USP*, n. 84, dez.-fev. 2009, 2010.

COMPAGNON, Antoine. *Literatura para quê?* Tradução de Laura Taddei Brandini. Belo Horizonte: Editora UFMG, 2009.

______. *O demônio da teoria*: literatura e senso comum. Tradução de Cleonice Paes Barreto Mourão e Consuelo Fortes Santiago. Belo Horizonte: Ed. UFMG, 2003.

CROCE, Benedetto. *A poesia*: introdução à crítica e história da poesia e da literatura. Tradução de Flávio Loureiro Chaves; supervisão e revisão de Angelo Ricci. Porto Alegre: Ed. UFRGS, 1965.

CULLER, Jonathan. *Teoria literária* – uma introdução. Tradução de Sandra Vasconcelos. São Paulo: Beca, 1999.

DE MAN, Paul. *O ponto de vista da cegueira*: ensaios sobre a retórica da crítica contemporânea. Tradução de Miguel Tamen. Braga; Coimbra; Lisboa: Angelus Novus/ Cotovia, 1999.

DERRIDA, Jacques. *A escritura e a diferença.* 2ª ed. Tradução de Maria Beatriz Marques Nizza da Silva. São Paulo: Perspectiva, 1995.

______. *A voz e o fenómeno.* Tradução de Maria José Semião e Carlos Aboim de Brito. Lisboa: Edições 70, 1996.

ECO, Umberto. *Interpretação e superinterpretação.* Tradução de Monica Stahel. São Paulo: Martins Fontes, 1993.

ELIOT, T. S. "Tradition and the individual talent". In: *Selected prose.* Londres: Penguin Books / Faber and Faber, 1955.

______. "The Social Function of Poetry". In: *On poetry and poets.* Londres; Boston: Faber and Faber, 1984.

Estranhar Pessoa, n. 3. Editores Rita Patrício e Gustavo Rubim; Lisboa: Universidade Nova de Lisboa, Outono de 2016.

EZELL, Margaret J. M. "Reading Pseudonyms in Seventeenth-Century English Coterie Literature". *Essays in Literature*, n. 21, Spring, 1994.

FISH, Stanley. *Is there a text in this class?* The authority of interpretative communities. Cambridge/Mass.: Harvard University Press, 1980.

FOUCAULT, Michel. *O que é um autor*? Tradução de António Fernando Cascais. Lisboa: Vega, 2002.

FRIEDRICH, Hugo. *Estrutura da lírica moderna*: da metade do século XIX a meados do século XX. Tradução de Marise M. Curioni. São Paulo: Duas Cidades, 1978.

FREUD, Sigmund. *Escritos sobre literatura*. Tradução de Saulo Krieger. Org. de Iuri Pereira. Posfácio de Noemi Moritz Kon. São Paulo: Hedra, 2014.

______. "O delírio e os sonhos na *Gradiva*". In *Obras completas*, vol. 8. Tradução de Paulo César de Souza. São Paulo, Companhia das Letras, 2010.

GENETTE, Gerard. *Figures III*. Paris: Éditions du Seuil, 1972.

GEORGE, A. G. *T. S. Eliot: his mind and art*. Londres: Asia Publishing House, s/d.

GIL, José. *Diferença e negação na poesia de Fernando Pessoa*. Rio de Janeiro: Relume Dumará, 2000.

GRIFFIN, Robert J. "Anonymity and Authorship". *New Literary History*, v. 30, n. 4, The Johns Hopkins University Press, 1999.

HAMBURGER, Käte. *A lógica da criação literária*. 2ª ed. Tradução de Margot Petry Malnic. São Paulo: Perspectiva, 1986.

HAMBURGER, Michael. *A verdade da poesia* – tensões na poesia modernista desde Baudelaire. Tradução de Alípio Correia de Franca Neto. São Paulo: Cosac Naif, 2007.

HOBSBAWM, Eric. *Era dos Extremos*: o breve século XX, 1914-1991. 2ª ed. Tradução de Marcos Santarrita. São Paulo: Companhia das Letras, 1994.

ISER, Wolfgang. *The act of reading*: a theory of aesthetic response. Baltimore: Johns Hopkins University Press, 1978.

______. *The implied reader*. Patterns of communication in prose fiction from Bunyan to Beckett. Baltimore: Johns Hopkins University Press, 1974.

JAKOBSON, Roman. *Linguística e comunicação*. 5ª ed. Tradução de Izidoro Blikstein e José Paulo Paes. São Paulo: Cultrix, 1971.

______. *Linguística; poética; cinema*. Tradução de Haroldo de Campos. São Paulo: Perspectiva, 1970.

______. *Huit questions de poétique*. Paris: Seuil, 1977.

LIMA, Luiz Costa (org.). *Teoria da literatura em suas fontes*. 3ª ed. Rio de Janeiro: Civilização Brasileira, 2002. 2 v.

LOPES, Óscar. "Fernando Pessoa". In: *Entre Fialho e Nemésio*: estudos de literatura portuguesa contemporânea, v. 2. Lisboa: Imprensa Nacional-Casa da Moeda, 1987.

LOURENÇO, Eduardo. *Fernando Pessoa revisitado*: leitura estruturante do drama em gente. 2ª ed. Lisboa: Moraes Editores, 1981.

NIETZSCHE. *O nascimento da tragédia* ou Helenismo e pessimismo. 2ª. ed. Tradução, notas e posfácio de Jacó Guinsburg. São Paulo: Companhia das Letras, 1999.

______. *Sobre verdade e mentira.* Organização e tradução de Fernando de Moraes Barros. São Paulo: Hedra, 2007.

NÓBREGA, Mello. *Ocultação e disfarce da autoria*: do anonimato ao nome literário. Fortaleza: Ed. UFC, 1981.

MALLARMÉ. *Poemas.* Organização e tradução de José Lino Grünewald. Rio de Janeiro: Nova Fronteira, 1990.

MONTEIRO, Adolfo Casais. *Estudos sobre a poesia de Fernando Pessoa.* Rio de Janeiro: Agir, 1958.

Orpheu 2 [1915]. 2ª. reed. Preparação de texto e introdução de Maria Aliete Galhoz. Lisboa: Ática, 1979.

PAMUK, Orhan. "O autor implícito". In: *A maleta de meu pai.* Tradução de Sergio Flaksman. São Paulo: Companhia das Letras, 2007.

PASOLINI, Pier Paolo. "Meu 'Accattone' na TV após o genocídio". In: *Os jovens infelizes*: antologia de ensaios corsários. Tradução de Michel Lahud e Maria Betânia Amoroso. São Paulo: Brasiliense, 1990.

PESSOA, Fernando. *Poemas completos de Alberto Caeiro.* Edição de Teresa Sobral Cunha. Lisboa: Presença, 1994.

______. *Correspondência: 1905-1922.* Organização de Manuela Parreira da Silva. São Paulo: Companhia das Letras, 1999.

______. *Correspondência: 1923-1935.* Organização de Manuela Parreira da Silva. Lisboa: Assírio & Alvim, 1999.

______. *Poesia – Ricardo Reis.* Organização de Manuela Parreira da Silva. São Paulo: Companhia das Letras, 2000.

______. *Obra poética.* 3ª ed. Organização de Maria Aliete Galhoz. Rio de Janeiro: Nova Aguilar, 2001.

______. *Poesia – Alberto Caeiro*. Edição de Fernando Cabral Martins e Richard Zenith. São Paulo: Companhia das Letras, 2001.

______. *Poesia – Álvaro de Campos*. Edição de Teresa Rita Lopes. São Paulo: Companhia das Letras, 2002.

______. *Poesia – 1902-1917*. Edição de Manuela Parreira da Silva, Ana Maria Freitas e Madalena Dine). São Paulo: Companhia das Letras, 2006.

______. *Poemas de Fernando Pessoa – Rubaiyat*, Edição crítica de Maria Aliete Galhoz. Lisboa: INCM, 2008.

______. *Poesia – 1931-1935 e não datada*. Edição de Manuela Parreira da Silva, Ana Maria Freitas e Madalena Dine. Lisboa: Assírio & Alvim, 2016.

PICCHIO, Luciana Stegagno. "Chuva Oblíqua: dall'Infinito turbolento di F. Pessoa all'Intersezionismo portoguese". *Quaderni Portoguesi*, n. 2, Pisa, Outono 1977.

PROUST, Marcel. "O método de Sainte-Beuve". In: *Contre Sainte-Beuve*: notas sobre crítica e literatura. Tradução de Haroldo Ramanzini. São Paulo: Iluminuras, 1988.

RICOEUR, Paul. *O si mesmo como um outro*. Tradução de Lucy Moreira Cesar. Campinas: Papirus, 1991.

SANTIAGO, Silviano. *Uma literatura nos trópicos*. São Paulo: Perspectiva, 1978.

SEABRA, José Augusto. *Fernando Pessoa ou o poetodrama*. São Paulo: Perspectiva, 1974.

SENA, Jorge de. *Fernando Pessoa & Cª Heterónima*: estudos coligidos, 1940-1978. 3ª ed. Organização de Mécia de Sena. Lisboa: Edições 70, 2000.

SIMÕES, João Gaspar. *Vida e obra de Fernando Pessoa*: história duma geração. 6ª ed. Lisboa: Publicações Dom Quixote, 1991.

STAIGER, Emil. *Conceitos fundamentais de poética.* Tradução de Celeste A. Galeão. Rio de Janeiro: Tempo Brasileiro, 1972.

TODOROV, Tzvetan. *A literatura em perigo.* Tradução de Caio Meira. Rio de Janeiro: Difel, 2009.

______. *Teoria da literatura* – textos dos formalistas russos. Tradução de Roberto Leal Ferreira. São Paulo: Editora Unesp, 2013.

TRILLING, Lionel. *The liberal imagination* – essays on literature and society. New York: The Viking Press, 1950.

WELLEK, René & WARREN, Austin. *Teoria da literatura.* 2ª. ed. Tradução de José Palla e Carmo. Lisboa: Publicações Europa América, 1971.

WHITE, Hayden. "O momento absurdista na teoria literária contemporânea". In: *Trópicos do discurso*: ensaios sobre a crítica da cultura. Tradução de Alípio Correia de Franca Neto. São Paulo: EDUSP, 1994.

WIMSATT, William K. & BEARDSLEY, Monroe. "The intentional fallacy". In BEARDSLEY, Monroe. *The verbal icon.* Studies in the meaning of poetry. Lexington: University of Kentucky Press, 1954.

WIMSATT, William K. & BROOKS, Cleanth. *Crítica literária* – breve história. Tradução de Ivete Centeno e Armando de Moraes. Lisboa: Fundação Calouste Gulbenkian, 1971.

ARTIGOS DE JORNAIS

ESKIN, Blake. “Crying Wolf: Why did it take so long for a far-fetched holocaust memoir to be debunked?”. Disponível em: <http://archive.is/iHRk6>. Acesso em: 22 nov. 2017.

IRVINE, Lindesay. “Nazi flight memoir was fiction, author confesses”. Disponível em: <https://bit.ly/2RqYCWj>. Acesso em: 22 nov. 2017.

KAKUTANI, Michiko. “However Mean the Streets, Have an Exit Strategy”. Disponível em: <https://nyti.ms/2yL6ew2>. Acesso em: 22 nov. 2017.

MEMMOTT, Carol. “Author´s ´Love and consequences´ memoir untrue”. Disponível em: <https://bit.ly/2yL3gaF>. Acesso em: 22 nov. 2017.

O’ROURKE, Meghan. “Lies and Consequences: Why are book editors so bad at spotting fake memoirs?”. Disponível em: <https://bit.ly/2Rt6YfZ>. Acesso em: 22 nov. 2017.

RICH, Motoko. “Gang Memoir, Turning Page, Is Pure Fiction”. Disponível em: <https://nyti.ms/2QgwLYV>. Acesso em: 22 nov. 2017.

Índice onomástico

COLEÇÃO HEDRA

1. *Iracema*, Alencar
2. *Don Juan*, Molière
3. *Contos indianos*, Mallarmé
4. *Auto da barca do Inferno*, Gil Vicente
5. *Poemas completos de Alberto Caeiro*, Pessoa
6. *Triunfos*, Petrarca
7. *A cidade e as serras*, Eça
8. *O retrato de Dorian Gray*, Wilde
9. *A história trágica do Doutor Fausto*, Marlowe
10. *Os sofrimentos do jovem Werther*, Goethe
11. *Dos novos sistemas na arte*, Maliévitch
12. *Mensagem*, Pessoa
13. *Metamorfoses*, Ovídio
14. *Micromegas e outros contos*, Voltaire
15. *O sobrinho de Rameau*, Diderot
16. *Carta sobre a tolerância*, Locke
17. *Discursos ímpios*, Sade
18. *O príncipe*, Maquiavel
19. *Dao De Jing*, Lao Zi
20. *O fim do ciúme e outros contos*, Proust
21. *Pequenos poemas em prosa*, Baudelaire
22. *Fé e saber*, Hegel
23. *Joana d'Arc*, Michelet
24. *Livro dos mandamentos: 248 preceitos positivos*, Maimônides
25. *O indivíduo, a sociedade e o Estado, e outros ensaios*, Emma Goldman
26. *Eu acuso!*, Zola | *O processo do capitão Dreyfus*, Rui Barbosa
27. *Apologia de Galileu*, Campanella
28. *Sobre verdade e mentira*, Nietzsche
29. *O princípio anarquista e outros ensaios*, Kropotkin
30. *Os sovietes traídos pelos bolcheviques*, Rocker
31. *Poemas*, Byron
32. *Sonetos*, Shakespeare
33. *A vida é sonho*, Calderón
34. *Escritos revolucionários*, Malatesta
35. *Sagas*, Strindberg
36. *O mundo ou tratado da luz*, Descartes
37. *O Ateneu*, Raul Pompeia
38. *Fábula de Polifemo e Galateia e outros poemas*, Góngora
39. *A vênus das peles*, Sacher-Masoch
40. *Escritos sobre arte*, Baudelaire
41. *Cântico dos cânticos*, [Salomão]
42. *Americanismo e fordismo*, Gramsci
43. *O princípio do Estado e outros ensaios*, Bakunin
44. *O gato preto e outros contos*, Poe
45. *História da província Santa Cruz*, Gandavo
46. *Balada dos enforcados e outros poemas*, Villon
47. *Sátiras, fábulas, aforismos e profecias*, Da Vinci
48. *O cego e outros contos*, D.H. Lawrence
49. *Rashômon e outros contos*, Akutagawa
50. *História da anarquia (vol. 1)*, Max Nettlau
51. *Imitação de Cristo*, Tomás de Kempis
52. *O casamento do Céu e do Inferno*, Blake
53. *Cartas a favor da escravidão*, Alencar
54. *Utopia Brasil*, Darcy Ribeiro

55. *Flossie, a Vênus de quinze anos*, [Swinburne]
56. *Teleny, ou o reverso da medalha*, [Wilde et al.]
57. *A filosofia na era trágica dos gregos*, Nietzsche
58. *No coração das trevas*, Conrad
59. *Viagem sentimental*, Sterne
60. *Arcana Cœlestia* e *Apocalipsis revelata*, Swedenborg
61. *Saga dos Volsungos*, Anônimo do séc. XIII
62. *Um anarquista e outros contos*, Conrad
63. *A monadologia e outros textos*, Leibniz
64. *Cultura estética e liberdade*, Schiller
65. *A pele do lobo e outras peças*, Artur Azevedo
66. *Poesia basca: das origens à Guerra Civil*
67. *Poesia catalã: das origens à Guerra Civil*
68. *Poesia espanhola: das origens à Guerra Civil*
69. *Poesia galega: das origens à Guerra Civil*
70. *O chamado de Cthulhu e outros contos*, H.P. Lovecraft
71. *O pequeno Zacarias, chamado Cinábrio*, E.T.A. Hoffmann
72. *Tratados da terra e gente do Brasil*, Fernão Cardim
73. *Entre camponeses*, Malatesta
74. *O Rabi de Bacherach*, Heine
75. *Bom Crioulo*, Adolfo Caminha
76. *Um gato indiscreto e outros contos*, Saki
77. *Viagem em volta do meu quarto*, Xavier de Maistre
78. *Hawthorne e seus musgos*, Melville
79. *A metamorfose*, Kafka
80. *Ode ao Vento Oeste e outros poemas*, Shelley
81. *Oração aos moços*, Rui Barbosa
82. *Feitiço de amor e outros contos*, Ludwig Tieck
83. *O corno de si próprio e outros contos*, Sade
84. *Investigação sobre o entendimento humano*, Hume
85. *Sobre os sonhos e outros diálogos*, Borges | Osvaldo Ferrari
86. *Sobre a filosofia e outros diálogos*, Borges | Osvaldo Ferrari
87. *Sobre a amizade e outros diálogos*, Borges | Osvaldo Ferrari
88. *A voz dos botequins e outros poemas*, Verlaine
89. *Gente de Hemsö*, Strindberg
90. *Senhorita Júlia e outras peças*, Strindberg
91. *Correspondência*, Goethe | Schiller
92. *Índice das coisas mais notáveis*, Vieira
93. *Tratado descritivo do Brasil em 1587*, Gabriel Soares de Sousa
94. *Poemas da cabana montanhesa*, Saigyō
95. *Autobiografia de uma pulga*, [Stanislas de Rhodes]
96. *A volta do parafuso*, Henry James
97. *Ode sobre a melancolia e outros poemas*, Keats
98. *Teatro de êxtase*, Pessoa
99. *Carmilla — A vampira de Karnstein*, Sheridan Le Fanu
100. *Pensamento político de Maquiavel*, Fichte
101. *Inferno*, Strindberg
102. *Contos clássicos de vampiro*, Byron, Stoker e outros
103. *O primeiro Hamlet*, Shakespeare
104. *Noites egípcias e outros contos*, Púchkin
105. *A carteira de meu tio*, Macedo
106. *O desertor*, Silva Alvarenga
107. *Jerusalém*, Blake
108. *As bacantes*, Eurípides
109. *Emília Galotti*, Lessing
110. *Contos húngaros*, Kosztolányi, Karinthy, Csáth e Krúdy
111. *A sombra de Innsmouth*, H.P. Lovecraft

112. *Viagem aos Estados Unidos*, Tocqueville
113. *Émile e Sophie ou os solitários*, Rousseau
114. *Manifesto comunista*, Marx e Engels
115. *A fábrica de robôs*, Karel Tchápek
116. *Sobre a filosofia e seu método — Parerga e paralipomena (v. II, t. I)*, Schopenhauer
117. *O novo Epicuro: as delícias do sexo*, Edward Sellon
118. *Revolução e liberdade: cartas de 1845 a 1875*, Bakunin
119. *Sobre a liberdade*, Mill
120. *A velha Izerguil e outros contos*, Górki
121. *Pequeno-burgueses*, Górki
122. *Um sussurro nas trevas*, H.P. Lovecraft
123. *Primeiro livro dos Amores*, Ovídio
124. *Educação e sociologia*, Durkheim
125. *Elixir do pajé — poemas de humor, sátira e escatologia*, Bernardo Guimarães
126. *A nostálgica e outros contos*, Papadiamántis
127. *Lisístrata*, Aristófanes
128. *A cruzada das crianças/ Vidas imaginárias*, Marcel Schwob
129. *O livro de Monelle*, Marcel Schwob
130. *A última folha e outros contos*, O. Henry
131. *Romanceiro cigano*, Lorca
132. *Sobre o riso e a loucura*, [Hipócrates]
133. *Hino a Afrodite e outros poemas*, Safo de Lesbos
134. *Anarquia pela educação*, Élisée Reclus
135. *Ernestine ou o nascimento do amor*, Stendhal
136. *A cor que caiu do espaço*, H.P. Lovecraft
137. *Odisseia*, Homero
138. *O estranho caso do Dr. Jekyll e Mr. Hyde*, Stevenson
139. *História da anarquia (vol. 2)*, Max Nettlau
140. *Eu*, Augusto dos Anjos
141. *Farsa de Inês Pereira*, Gil Vicente
142. *Sobre a ética — Parerga e paralipomena (v. II, t. II)*, Schopenhauer
143. *Contos de amor, de loucura e de morte*, Horacio Quiroga
144. *Memórias do subsolo*, Dostoiévski
145. *A arte da guerra*, Maquiavel
146. *O cortiço*, Aluísio Azevedo
147. *Elogio da loucura*, Erasmo de Rotterdam
148. *Oliver Twist*, Dickens
149. *O ladrão honesto e outros contos*, Dostoiévski
150. *O que eu vi, o que nós veremos*, Santos-Dumont
151. *Sobre a utilidade e a desvantagem da histório para a vida*, Nietzsche
152. *A conjuração de Catilina*, Salústio

«SÉRIE LARGEPOST»

1. *Dao De Jing*, Lao Zi
2. *Cadernos: Esperança do mundo*, Albert Camus
3. *Cadernos: A desmedida na medida*, Albert Camus
4. *Cadernos: A guerra começou...*, Albert Camus
5. *Escritos sobre literatura*, Sigmund Freud
6. *O destino do erudito*, Fichte
7. *Diários de Adão e Eva*, Mark Twain
8. *Diário de um escritor (1873)*, Dostoiévski

«SÉRIE SEXO»

1. *A vênus das peles*, Sacher-Masoch
2. *O outro lado da moeda*, Oscar Wilde
3. *Poesia Vaginal*, Glauco Mattoso
4. *Perversão: a forma erótica do ódio*, Stoller
5. *A vênus de quinze anos*, [Swinburne]

COLEÇÃO «QUE HORAS SÃO?»

1. *Lulismo, carisma pop e cultura anticrítica*, Tales Ab'Sáber
2. *Crédito à morte*, Anselm Jappe
3. *Universidade, cidade e cidadania*, Franklin Leopoldo e Silva
4. *O quarto poder: uma outra história*, Paulo Henrique Amorim
5. *Dilma Rousseff e o ódio político*, Tales Ab'Sáber
6. *Descobrindo o Islã no Brasil*, Karla Lima

Adverte-se aos curiosos que se imprimiu este livro em nossas oficinas, em 11 de fevereiro de 2019, em tipologia Libertine, com diversos sofwares livres, entre eles, LuaLaTeX, git & ruby.
(v. bbf6425)